barbacoa

LAS 100 MEJORES RECETAS

LINDA DOESER

Copyright © Parragon Books Ltd 2003
Queen Street House
4 Queen Street
Bath BA1 1HE, RU

Creado y producido por
The Bridgewater Book Company Ltd.,
Lewes, East Sussex

Fotografía Ian Parsons

Copyright © 2004 de la edición española: Parragon
Traducción del inglés: Montserrat Ribas
para Equipo de Edición S.L., Barcelona
Redacción y maquetación:
Equipo de Edición S.L., Barcelona

ISBN 1-40544-805-9

Impreso en Malasia
Printed in Malaysia

NOTA

Se considera que 1 cucharadita equivale a 5 ml y 1 cucharada a 15 ml.
Si no se indica otra cosa, la leche será siempre entera, los huevos y las verduras
u hortalizas, como por ejemplo las patatas, de tamaño medio, y la pimienta,
pimienta negra recién molida.

Los tiempos indicados para cada receta son sólo orientativos porque la preparación
puede diferir según las técnicas utilizadas por cada persona y el tiempo de cocción
puede variar según el tipo de horno utilizado. El horno se tiene que precalentar siempre
a la temperatura especificada. Si utiliza un horno por convección, lea las instrucciones del
fabricante para ajustar el tiempo y la temperatura. Los tiempos de preparación incluyen
los de maceración y permanencia en la nevera, cuando la receta lo requiere.

La información nutricional ofrecida para cada receta se refiere a una ración individual.
Los ingredientes opcionales, variaciones o sugerencias para sevir no están
incluidos en los cálculos.

Las recetas que llevan huevo crudo o muy poco cocido
no son indicadas para los niños muy pequeños, los ancianos, las mujeres embarazadas,
las personas convalecientes y cualquiera que sufra alguna enfermedad.

sumario

introducción
4

pescado y marisco
14

carnes blancas
50

carnes rojas
88

verduras
126

postres
160

índice
174

introducción

Las barbacoas no sólo son una deliciosa manera de cocinar al aire libre y una alternativa interesante a la comida campestre, sino que también resultan saludables y divertidas. Tanto si prepara un sencillo almuerzo de fin de semana para su familia como si va a dar una fiesta para veinte invitados, la barbacoa ofrece variedad y entretenimiento para todos. Deje que sus familiares y amigos se apunten a cocinar y a servirse su propia comida; incluso los niños pueden ayudar, siempre que haya un adulto que los vigile.

El concepto de barbacoa es muy antiguo y está presente en muchas culturas. Aunque la carne es el alimento más habitual, los vegetarianos también pueden disfrutar de una gran variedad de platos. Este libro ofrece las tradicionales recetas de carne, así como otras más exóticas e inusuales. Puede empezar con sencillas salchichas, hamburguesas o bistecs, para familiarizarse con ella y coger confianza. Cuando crea estar preparado para recetas más complicadas, experimente con distintos tipos de carne, hortalizas, adobos y una gama completa de platos. Puede incluso practicar con el grill de la cocina antes de prepararlos para sus invitados en la barbacoa. Ésta admite prácticamente cualquier tipo de alimento, desde carnes rojas o blancas, hasta marisco, verduras y tofu, e incluso postres. Puede preparar brochetas, carne con algún aderezo, alimentos asados en papillote o dar rienda suelta a su imaginación. Las barbacoas son inmensamente versátiles. Pruebe a servir distintas guarniciones con sus platos principales. Las patatas asadas y las ensaladas son el acompañamiento tradicional para una barbacoa, pero puede servir algo más imaginativo. Ponga unos boles con distintas salsas en la mesa para que sus invitados escojan las que prefieran para las patatas: atún con mayonesa, queso cremoso o maíz especiado. Es muy fácil peparar platos apetitosos. Pruebe una selección de ensaladas: una verde para los más tradicionales, y otra de pasta, arroz, tomate o judías para dar un toque extra de sabor y color.

También puede preparar platos dulces; simplemente envuélvalos en papel de aluminio para evitar el contacto con los jugos de la carne. Esto también es aplicable a los platos vegetarianos.

Haga una barbacoa para una fiesta de cumpleaños infantil, adaptándola a la edad de los niños. Si son muy pequeños, será mejor que no se acerquen a la barbacoa. Pero si ya tienen cierta edad, podrán ayudarle a escoger el menú y preparar, e incluso asar, algunos platos. Una barbacoa también es una opción perfecta para una fiesta en el jardín, y a los niños les encantará.

Casi todas las cocinas del mundo tienen platos que quedan estupendos en la barbacoa. Este libro contiene recetas de diferentes países: platos caribeños, como las Brochetas de pescado a la caribeña (*véase* pág. 16), las Brochetas jamaicanas (*véase* pág. 56) y el Pollo picante a la caribeña (*véase* pág. 61), y platos *cajun*, como el tradicional Pollo *cajun* (*véase* pág. 52) y las más inusuales Verduras *cajun* (*véase* pág. 147). Pruebe con el Atún a la mexicana (*véase* pág. 30) o los Salmonetes al estilo griego (*véase* pág. 33) si le gusta el pescado. Encontrará también el Pollo a la tailandesa (*véase* pág. 62), para los amantes de los platos asiáticos, y el Pollo *tikka* (*véase* pág. 72), para los que prefieren los sabores de la India. El Pato relleno de fruta (*véase* pág. 82) y los Picantones a la mostaza (*véase* pág. 84) son platos muy vistosos para comidas con invitados, mientras que Las mejores hamburguesas (*véase* pág. 90) y la Parrillada variada (*véase* pág. 122) son platos más sencillos, para

cuando no se dispone de tanto tiempo o energía. Encontrará platos adecuados para todos los paladares: las Brochetas de buey a la indonesia (*véase* pág. 100) para quien le guste la carne y desee experimentar, y las Hamburguesas de champiñones (*véase* pág. 139) para los vegetarianos con buen apetito.

Puede preparar un postre tan sencillo como un helado de vainilla, o bien probar con la Fruta a la barbacoa con sirope de arce (*véase* pág. 172) o los Plátanos asados (*véase* pág. 173), como broche de oro para cualquier barbacoa.

tipos de barbacoas

Existen muchos tipos diferentes de barbacoas, y seguro que encontrará el que mejor se adapte a sus necesidades, dependiendo del tamaño y la frecuencia con la que piense utilizarla. Si sólo va hacer una barbacoa en todo el verano, sería razonable comprar simplemente una parrilla desechable.

Cuando compre una barbacoa, busque en distintos establecimientos, porque la gama es extensa y los precios pueden variar. Tenga en cuenta el número de comensales para los que cocinará y el tamaño de su jardín. ¿Puede molestar el humo a sus vecinos? ¿Debería optar por una barbacoa fija de obra? ¿Cuánto quiere gastar? ¿Qué combustible prefiere utilizar? Considere qué tipo de barbacoa es el más adecuado para su estilo de vida

- Puede hacer su propia barbacoa, tanto fija como provisional. Aproveche los materiales que tenga a su alrededor, ya sea en la playa, en el campo o en su jardín. Un montón de piedras o ladrillos con una parrilla encima puede ser una buena solución.
- Las barbacoas desechables suelen consistir en poco más que una bandeja de aluminio con una parrilla encima. Son de usar y tirar, y llevan combustible para aproximadamente 1 hora. No son caras, pero sólo las encontrará en algunos establecimientos muy especializados.

- Las barbacoas portátiles varían en tamaño y precio. Son muy útiles y ligeras, fáciles de montar, limpiar y transportar. Ideales para una comida campestre, siempre y cuando no haya que caminar mucho.
- Las barbacoas brasero también son muy útiles y en cierto modo portátiles. Aunque no se pueden llevar al campo, sí se pueden guardar en cualquier rincón de la casa. Las encontrará con patas o ruedas; de cualquier modo, asegúrese de que tenga la altura adecuada para la persona que vaya a usarla, porque a veces pueden ser algo bajas. Si en su jardín suele hacer viento puede que ésta no sea la mejor opción, aunque muchas de ellas llevan algún tipo de pantalla protectora. Otras tienen unos estantes a los lados, muy prácticos para colocar los utensilios de cocina.
- Las barbacoas Hibachi son pequeñas y fáciles de transportar. Provienen del Japón y su nombre significa «caja de fuego». No son caras y hoy en día se suelen fabricar con materiales ligeros, aunque tradicionalmente se hacían con hierro colado.
- Las barbacoas cubiertas son muy eficaces y se pueden utilizar para ahumar alimentos. La tapa ofrece protección contra el viento y puede salvar una comida en un día de mal tiempo. Muchas de ellas llevan un asador incorporado. Sirven para asar trozos grandes de carne o pollos enteros. La carne se va asando lentamente y es fácil controlar la temperatura mediante los orificios de ventilación. Son la mejor opción para quienes no desean una barbacoa de obra.
- Las barbacoas eléctricas y de gas son muy eficaces porque no hay que esperar a que se caliente el carbón, en 10 minutos alcanzan la temperatura necesaria. Son una buena elección si se piensa utilizar la barbacoa comercialmente, porque suelen ser caras. Son muy fáciles de manejar, pero no dan a los alimentos ese característico sabor que tienen cuando se asan al carbón.

- Las barbacoas fijas son una opción excelente siempre que se utilicen con frecuencia. Puede construir una del tamaño adecuado para su familia, y no tiene por qué ser demasiado cara. En primer lugar, escoja el mejor sitio donde situarla. Debería quedar algo retirada de su casa y de la de los vecinos, y, a ser posible, cerca de la cocina. Puede construirla con materiales sencillos, como ladrillos refractarios, que soportan altas temperaturas. Puede instalar una parrilla a la altura que desee, incluso graduable. Encontrará a la venta equipos completos con todo lo necesario.

tipos de combustible

Existen diferentes tipos de combustible y debería pensar cuál de ellos prefiere antes de comprar la barbacoa. Si no le gusta el carbón ni la leña, puede escoger una eléctrica o de gas. Pero sea cual sea el tipo de combustible que escoja, asegúrese de guardarlo en un lugar seco.

- El carbón es fácil de encender, pero se consume con relativa rapidez. Es fácil de encontrar y no resulta caro.
- Las pastillas o briquetas de carbón tardan un poco en prender, pero arden durante mucho tiempo y no desprenden mucho olor ni mucho humo. Son ideales para jardines pequeños, donde la barbacoa queda cerca de ventanas y de casas vecinas.
- El carbón que prende solo no es más que carbón en tizones o pastillas recubierto con un producto inflamable. Espere hasta que éste haya ardido antes de poner los alimentos en la parrilla, porque despide un olor desagradable que podría impregnar la comida.
- Se pueden usar maderas duras. Las de roble y manzano son las mejores, porque arden muy despacio y desprenden un agradable aroma. Las blandas no son apropiadas, porque se queman muy deprisa y sueltan chispas. Si utiliza madera, recuerde que tendrá que estar atento para mantener la temperatura constante. Guarde la madera lejos de la barbacoa, para evitar que una chispa pudiera encenderla.

- La función de las virutas de madera y las hierbas es avivar el fuego, no sirven como combustible principal. Dependiendo de lo que vaya a preparar, unas ramitas de romero, tomillo y salvia son muy eficaces, y además desprenden un aroma delicioso. Espárzalas sobre el carbón o bajo los alimentos.

ponerse en marcha

Encender la barbacoa no tiene por qué convertirse en una preocupación ni en un esfuerzo. Se tarda sólo unos minutos, siempre y cuando se prepare bien antes, y se tenga el combustible a mano. Siga siempre las instrucciones del paquete si utiliza carbón que se enciende solo. Para no tener problemas con su barbacoa, siga los siguientes pasos:

1 Forre con papel de aluminio la base de la barbacoa, bajo la rejilla del carbón. Eso facilitará su limpieza y mantendrá el fondo de la barbacoa caliente.

2 Extienda una capa de carbón o madera sobre la rejilla. Lo mejor es colocar primero unos trocitos pequeños, y de tamaño medio encima. La capa de carbón o madera debería tener unos 5 cm de profundidad y forma piramidal en la parte central.

3   Lo más eficaz es utilizar pastillas o líquido para encender, pero sólo uno de los dos. Si usa pastillas, ponga una o dos en el centro de la pirámide. Si utiliza líquido para encender, vierta unas cuantas cucharadas en la leña o carbón y espere un minuto. Encienda la barbacoa con una cerilla larga o una vela, y espere 15 minutos. Esparza el carbón en una capa uniforme y déjelo 40 minutos, o hasta que esté cubierto por una fina capa de ceniza y haya alcanzado la temperatura necesaria para empezar a cocinar. Extienda el carbón caliente para que abarque como mínimo 2,5 cm más de la zona donde va a cocinar los alimentos.
    No encienda nunca una barbacoa, con gasolina, gas de encendedores ni otros materiales inflamables.

4   Para controlar la temperatura una vez el carbón esté lo suficientemente caliente, levante o baje la parrilla. Si su barbacoa tiene respiraderos, ábralos para elevar la temperatura y ciérrelos para reducirla.

También puede juntar el carbón caliente con cuidado hacia el centro, para que en esa parte la temperatura sea más elevada, y más suave en los extremos, donde puede dejar los alimentos una vez asados.

seguridad

La barbacoa es un método seguro de cocción, siempre y cuando se utilice con sentido común. Procure ser prudente si nunca la ha usado antes.

- Coloque la barbacoa sobre una superficie plana y compruebe su estabilidad antes de encenderla. Una vez encendida, no la mueva.

- Mantenga la barbacoa alejada de árboles y arbustos, y recorte cualquier rama molesta en lugar de mover la barbacoa. Compruebe la dirección del viento antes de encenderla.

- No añada nunca líquidos inflamables para acelerar el encendido de la barbacoa. Utilice sólo combustibles específicos, como pastillas y líquido para encendido, y recuerde que algunos tardan un tiempo en desprender calor.

- Utilice sólo los tipos de combustible recomendados para su barbacoa, siguiendo las instrucciones del envase correspondiente. No todos los combustibles se adaptan a todas las barbacoas.

- Tenga siempre un cubo de agua cerca por si el fuego se descontrolara. Si su barbacoa tiene tapa, le será fácil controlar las llamas.

- La grasa que suelta la carne hará que el carbón se encienda y puede provocar llamas difíciles de controlar. Retire el exceso de grasa de la carne y el adobo innecesario antes de ponerla en la parrilla.

- Para evitar la salmonela, la listeria y otras intoxicaciones, asegúrese de que la carne esté bien asada. Preste especial atención al pollo, el pavo, el cerdo y las salchichas. La carne está en su punto cuando, al pincharla en la parte más gruesa con una brocheta o la punta de un cuchillo afilado, el jugo sale transparente, no rosado.

- Si el día es especialmente caluroso, mantenga los alimentos perecederos en la nevera hasta el momento de servirlos. También puede guardarlos en una nevera portátil. Entre los alimentos que se estropean rápidamente y que pueden causar enfermedaes están la carne, el yogur y la mayonesa.
- No recaliente la carne de ave una vez se haya enfriado. Compruebe que esté bien asada, y si no fuera así, vuelva a dejarla en la barbacoa antes de que se enfríe.
- Guarde las ensaladas y los alimentos asados alejados de la carne cruda, y lávese bien las manos después de manipular carne. Utilice utensilios distintos para las carnes crudas.
- No deje que los animales se acerquen a la comida y a la barbacoa, para evitar posibles contaminaciones y accidentes. Tape los alimentos con un paño de cocina limpio para no atraer a los insectos. No utilice el mismo paño para cubrir la carne cruda y después la ensalada.
- Procure que los niños no se acerquen a la barbacoa y que comprendan lo peligroso que es jugar demasiado cerca de ella. Conviene que siempre haya algún adulto vigilando a los niños mientras se cocina.
- Si bebe, hágalo con moderación, y aleje cualquier bebida alcohólica de alta graduación de la barbacoa, porque pueden ser inflamables.
- Procure que los utensilios sean de mango largo y téngalos a mano para evitar dejar la barbacoa sola mientras va a buscarlos. Utilice manoplas de cocina.

utensilios y equipo

Las manoplas son muy útiles, porque la barbacoa alcanza una temperatura muy elevada al cabo de un rato. Las brochetas le pueden quemar los dedos, aunque sean de madera o de bambú. Debería evitar los utensilios de plástico, porque podrían fundirse con el calor. Es mejor usarlos metálicos, pero recuerde que pueden llegar a quemar. Compre un juego para barbacoa de buena calidad con cucharas y tenedores de mango largo, cuchillos especiales para pescado, unas pinzas, un pincel o cuchara para untar la carne, y algo para raspar el adobo que haya quedado pegado o limpiar la parrilla de restos de alimentos. Si utiliza brochetas metálicas, puede pasarles un trozo de papel de cocina untado en aceite para evitar que los alimentos se peguen. Las de bambú y madera tienen que dejarse en remojo en agua fría, como mínimo 30 minutos antes de usarlas para que no se quemen. Las parrillas dobles para pescado son un utensilio muy útil para darle la vuelta sin que se rompa. Las encontrará de diferentes estilos y tamaños. Úntelas con aceite antes de utilizarlas.

alimentos para la barbacoa

Puede empezar con una barbacoa sencilla con ingredientes tradicionales, como salchichas, muslos de pollo, chuletas, hamburguesas y bistecs. Estos alimentos son los más adecuados para los niños y los grupos numerosos. Las salchichas suelen ser bastante grasas, así que pínchelas con un tenedor antes de asarlas para evitar que revienten, y vigile la grasa que pueda derramarse sobre el carbón caliente y provocar llamas. Usted mismo puede preparar sus propias hamburguesas. Se recomienda preparar los alimentos que va a asar en la barbacoa como mucho un día antes. Descongele bien cualquier tipo de carne antes de asarla.

Los bistecs son fáciles de asar, y los invitados que lo deseen se los podrán hacer ellos mismos a su gusto. De todos modos, es mejor que no haya demasiada gente alrededor de la barbacoa. Recorte toda la grasa posible de la carne antes de asarla, porque, aparte de ser más saludable, no se derramará sobre el carbón caliente. Las chuletas se preparan de la misma manera pero requieren una cocción más prolongada, sobre todo si tienen hueso. En especial, las chuletas de cerdo tienen que estar bien asadas: 15-20 minutos para una chuleta de 2,5 cm de grosor. Compruebe que esté bien hecha antes de servirla.

Puede asar muchos tipos diferentes de pescado en la barbacoa, desde un suculento salmón o unas rodajas de atún, hasta sardinas enteras y filetes de caballa. Si va a cocinar pescado en rodajas, procure que sean del mismo grosor, ya que así se asarán de manera uniforme. Pruebe unas rodajas de salmón rociadas con zumo de limón y hierbas, o servidas con mantequilla al eneldo. Las rodajas de pescado suelen desmenuzarse, por lo que es mejor asarlas envueltas en papel de aluminio, lo que las mantiene jugosas y evita que se quemen. El pescado queda muy bien en brochetas, pero asegúrese de que sea de carne consistente, como el bacalao fresco o el rape, pues es muy molesto que se rompa. El bacalao fresco queda muy bien adobado. El pescado azul, como la sardina o la caballa, se puede asar en la barbacoa sin miedo a que quede reseco.

No olvide lavarse las manos y los utensilios después de manipular carne cruda y antes de tocar otros ingredientes. Recuerde utilizar distintas tablas de picar para la carne y las verduras, y no deje la carne asada cerca de la cruda. Tenga los alimentos alejados de la luz solar directa, y manténgalos frescos todo el tiempo que pueda antes de cocinarlos. Tenga especial cuidado cuando cocine para niños, mujeres embarazadas o personas mayores, ya que son más propensos a las intoxicaciones. El pollo y los huevos crudos pueden llevar salmonela. Hay que tratar la mayonesa y otros aliños con huevo como la carne cruda.

tiempos de cocción

Es difícil precisar los tiempos de cocción en la barbacoa, pero con las siguientes indicaciones podrá hacerse una idea. Antes de empezar, debería comprobar que la barbacoa esté muy caliente y que la parrilla esté colocada a la altura correcta. Una forma fácil de calcular la temperatura es poner la mano ligeramente por encima de la parrilla. Si sólo resiste el calor 2-3 segundos, la barbacoa está a punto. Si puede mantenerla más tiempo, es que todavía no está lo suficientemente caliente. A la mayoría de los alimentos, como bistecs y hamburguesas, hay que darles la vuelta una o dos veces, pero a las salchichas y las brochetas se les tiene que dar con mayor frecuencia, para asegurarse de que queden bien hechas. No descuide nunca los alimentos.

buey

- Ase los bistecs de 2,5 cm de grosor a temperatura alta unos 8 minutos. Déjelos sólo 5 minutos si le gustan más crudos o 12 minutos si los prefiere muy hechos.
- Ase las hamburguesas de 2 cm de grosor sobre el carbón caliente 6-8 minutos.
- Las brochetas con dados de carne de tamaño mediano requieren 7 minutos de cocción a temperatura alta.

cordero

- Los filetes de pierna necesitan 10-15 minutos a temperatura media. Si son de más 2 cm de grosor, prolongue el tiempo de cocción o aplánelos un poco con una maza de cocina.
- Las chuletas de 2,5 cm de grosor quedan bien hechas a temperatura media durante 15 minutos.
- Las brochetas con dados de unos 2,5 cm de grosor requieren unos 8-15 minutos a temperatura media.

cerdo

- Ase las chuletas de cerdo 15-20 minutos a temperatura media y compruebe que estén bien hechas. Si son de más 2,5 cm de grosor, prolongue el tiempo de cocción según sea necesario.
- Las brochetas con dados de carne de 2,5 cm necesitan unos 15 minutos a temperatura media.
- Las costillas de cerdo suelen ser bastante gruesas, por lo que tendrá que asarlas a temperatura media durante 40 minutos.
- Las salchichas gruesas tardan 10 minutos en hacerse a temperatura media; las más delgadas, un poco menos.

pollo

- Los cuartos de pollo, los muslos y las pechugas con hueso requieren 35 minutos a temperatura media.
- Los muslitos tardan 25-35 minutos a temperatura media, y el jugo tiene que salir transparente, no rosado, al pinchar la parte más gruesa con una brocheta o con la punta de un cuchillo. Si son muy grandes, prolongue el tiempo de cocción.
- Las pechugas enteras necesitan 15-20 minutos a temperatura media.
- Las brochetas con trozos de 2,5 cm requieren unos 10 minutos a temperatura media.

pescado y marisco

- Puede asar pescados enteros en la barbacoa, pero la temperatura tiene que ser de suave a media. Calcule unos 10 minutos para un pescado de 2,5 cm de grosor.
- Los pescados pequeños, de hasta 900 g, tardan de 14 a 20 minutos en hacerse a temperatura media.
- Las sardinas enteras tardan 5-7 minutos en asarse a temperatura media.
- Las rodajas de pescado, como las de salmón o atún, o los filetes de hasta 2,5 cm de grosor, hay que asarlos unos 6-10 minutos a temperatura media.
- Las brochetas con dados de pescado de 2,5 cm se asan en unos 7 minutos a temperatura media.
- Las gambas con cáscara se cuecen en unos 7 minutos a temperatura media, si son grandes. Las más pequeñas quedan mejor ensartadas en una brocheta. Las gambas grandes peladas están listas en menos tiempo.
- Las vieiras o los mejillones tienen que asarse con sus valvas a temperatura media hasta que se abran. Deseche los que no lo hagan. El marisco sin cáscara ensartado en brochetas necesita unos 7 minutos a temperatura media.

el asador

Si tiene la suerte de tener un asador en su barbacoa, ya sabrá que es muy útil cuando hay que cocinar para muchos invitados. Si acostumbra a celebrar fiestas en verano y ya posee una barbacoa, ahorrará tiempo y esfuerzo preparando los platos en el asador. Puede dejar allí la carne para que se vaya haciendo, mientras que dedica el tiempo a sus invitados. Para la cena, el asador le ofrece una alternativa saludable a un pesado asado. Vaya untando la carne mientras se hace para asegurarse de que quede suculenta y uniformemente asada.

- Las piezas de carne de buey de hasta 1,5 kg, de cuarto trasero o solomillo, quedan muy bien en el asador y tardan 2-3 horas, según su tamaño.
- Una paletilla de cordero de 1,5 kg tardará 1-1½ horas, dependiendo de si la carne le gusta más o menos hecha.
- La carne de cerdo, de paleta o agujas, de 1,5 kg, tardará 2-3 horas. Compruebe que la carne esté asada pinchándola con una brocheta.
- Los pollos enteros de hasta 1,5 kg necesitan 1¼ horas. Compruebe que esté hecho pinchándolo con una brocheta o con la punta de un cuchillo afilado, porque podría necesitar un poco más de tiempo.
- Los patos tiernos enteros de hasta 2,25 kg son muy grasos y tardan 1-1½ horas en asarse.

consejos y sugerencias

La clave para que una barbacoa salga bien es la planificación. Es mejor saber cuántas personas van a venir, pero si espera un grupo grande, sin saber el número exacto de personas, valdrá la pena tener una buena provisión de alimentos básicos, como, por ejemplo hamburguesas, para asegurarse de que todo el mundo tenga suficiente. La mayoría de los alimentos se pueden congelar y asar bajo el grill del horno cuando los necesite. Puede preparar platos para la barbacoa con bastante antelación y congelarlos, como salchichas, brochetas y hamburguesas, aunque no es recomendable congelar las brochetas de pescado. Sáquelos del congelador 24 horas antes y deje que se descongelen en la nevera. Prepare las ensaladas por la mañana, pero evite picar ingredientes que pierdan su color y se reblandezcan, como el aguacate. Alíñelas justo antes de servirlas o deje el aliño en un bol en la mesa, para que no se estropeen. Una vez encendida la barbacoa, puede sacar la carne afuera. Unte la parrilla con un poco de aceite de girasol para que los alimentos no se peguen, procurando no derramarlo sobre el carbón.

No llene demasiado la parrilla, porque los alimentos no se asarán de manera uniforme. Intente cocinar el mismo tipo de alimento a la vez, para evitar que se mezclen los sabores. El carbón debería cubrir una superficie mayor que la de los alimentos, para que incluso los bordes de la parrilla estén bien calientes. Retire hacia los lados los alimentos que requieran una temperatura más baja, y así evitará tener que esperar a que la barbacoa se enfríe.

Si algunos de sus invitados son vegetarianos, tendrá que planificar la comida con un poco más de atención. No podrá preparar platos vegetarianos en la misma parrilla donde ase la carne; reserve una parrilla aparte para los vegetarianos, aunque no es justo hacerles esperar mientras todos los demás disfrutan ya de su plato de carne. También podría adquirir una barbacoa de un solo uso y reservarla para los platos vegetarianos. La mejor solución es servir unas judías variadas con verduras y queso, en papillote, con un aparte. Estos envoltorios quedan deliciosos y mantienen los alimentos separados durante la cocción, así que se puede asar la carne en la misma parrilla. Puede prepararlos en abundancia y servirlos como guarnición a todos los invitados. Ofrezca a los vegetarianos un surtido de brochetas, verduras en papillote, ensaladas y patatas asadas.

Los envoltorios de papel de aluminio suelen ser la mejor solución para los postres. El más simple y el que más gusta a los niños son los dulces de malvavisco tostados sobre el carbón, pero hay que vigilarlos mientras se hacen. Puede comprar una barbacoa desechable o utilizar una parrilla aparte, pero limpie los utensilios que haya usado antes para los alimentos salados.

Intente planificar un menú variado para todos los gustos. Puede haber vegetarianos, niños caprichosos o personas a quienes les guste la carne pero no las ensaladas, así que ofrézcales varios platos. Piense en ofrecer alguna guarnición de verdura principal para acompañar la carne o el pescado. Las patatas asadas, envueltas antes en papel de aluminio, son lo más fácil. Precaliente el horno a 200 °C y ase las patatas 30 minutos antes de pasarlas a la barbacoa, ya que pueden tardar en asarse. Los panecillos recién hechos también son una buena idea.

Ofrezca bebidas, con y sin alcohol. El ponche de frutas sin alcohol o con sólo un poquito suele tener mucho éxito. La persona encargada de la barbacoa debería beber con moderación.

Recuerde que los niños no deben acercarse a la barbacoa, y prevéngales sobre el peligro de los cuchillos afilados y las brochetas puntiagudas.

¡Disfrute su barbacoa al aire libre!

recetas básicas

adobos

Los adobos no sólo dan sabor y hacen los alimentos más tiernos, sino que al untarlos durante la cocción los mantienen jugosos y suculentos. Como norma, cuanto más tiempo dure la maceración, mejor: toda una noche en la nevera es lo ideal, a excepción de los adobos con cítricos para el pescado, ya que el zumo de limón, lima o naranja empieza a «cocer» el pescado al cabo de una hora.

Mezcle el adobo y viértalo sobre los ingredientes en una fuente llana no metálica. Deles la vuelta para que queden bien recubiertos y cúbralos con film transparente. Si no macera los alimentos más de 1 hora, ponga la fuente en un lugar fresco, en lugar de la nevera.

Escurra los alimentos antes de asarlos, aunque vaya a ir untándolos cuando estén en el fuego, porque si no, el adobo se derramará sobre el carbón caliente y se prenderá. Espere a que los alimentos estén a temperatura ambiente antes de asarlos. Si tiene previsto servir el adobo sobrante como salsa, hiérvalo primero para evitar infecciones bacterianas, o, mejor todavía, reserve una parte desde el principio, para que no entre en contacto con la carne o el pescado crudos.

Calcule unos 150 ml de adobo por cada 450 g de alimentos.

adobo de vino tinto

150 ml de vino tinto
1 cucharada de aceite de oliva
1 cucharada de vinagre de vino tinto
1 cucharada de mostaza de grano entero
2 hojas de laurel, machacadas
2 dientes de ajo picados finos
pimienta

adobo de yogur

4 cucharadas de yogur natural
1 cucharada de aceite de oliva
1 cucharada de vinagre balsámico
1 cucharada de mostaza de Dijon
8 hojas de salvia fresca picadas finas
pimienta blanca molida

adobo picante

5 cucharadas de pasta de tomate
4 cucharadas de zumo de lima
1 cucharada de vinagre de vino tinto
2 cucharaditas de miel fluida
1 cucharadita de tabasco
1 cucharadita de especias variadas molidas
pimienta

adobo de vino blanco

150 ml de vino blanco seco
4 cucharadas de aceite de oliva
1 cucharada de zumo de limón
3 cucharadas de perejil fresco, picado fino
1 diente de ajo picado fino
pimienta

salsas y aliños

Puede preparar muchas salsas con antelación, y son una buena manera de convertir una sencilla chuleta, hamburguesa o muslo de pollo en algo especial.

salsa de mostaza suave

2 yemas de huevo
2 cucharadas de zumo de limón
2 dientes de ajo picados
300 ml de aceite de oliva
1 cucharada de mostaza de Dijon
sal y pimienta

1 Ponga las yemas de huevo, el zumo de limón y el ajo en una batidora, y bata hasta que estén suaves. Sin dejar de batir, vaya añadiendo podo a poco el aceite de oliva hasta que la salsa quede espesa y cremosa.

2 Pásela a un bol, añada la mostaza y salpimente al gusto.

guacamole

2 aguacates
3 cebolletas picadas finas
1 diente de ajo picado fino
2 guindillas verdes frescas,

sin semillas y picadas finas
2 cucharadas de aceite de oliva
4 cucharadas de zumo de lima
sal
cilantro fresco picado, para adornar

1 Parta los aguacates por la mitad, retire el hueso y pase la pulpa a un bol. Cháfela con un tenedor y añada las cebolletas, el ajo, la guindilla, el aceite de oliva y el zumo de lima. Salpimente y esparza el cilantro picado por encima.

mayonesa

150 ml de aceite de girasol
150 ml de aceite de oliva
2 yemas de huevo
sal y pimienta
1 cucharada de vinagre de vino blanco
2 cucharaditas de mostaza de Dijon

1 Mezcle los aceites en una salsera. Bata las yemas de huevo con una pizca de sal. Vaya añadiendo el aceite, muy lentamente, sin dejar de batir con unas varillas manuales o eléctricas. Cuando haya incorporado $\frac{1}{4}$ del aceite, agregue el vinagre. Siga añadiendo todo el aceite en un chorrito constante, batiendo hasta que la mayonesa quede espesa y cremosa. Añada la mostaza y salpimente al gusto.

> **variación**
>
> Para preparar una mayonesa al limón, sustituya el vinagre de vino blanco por zumo de limón, y la mostaza por 1 cucharada de tomillo limonero fresco picado.

pescado y marisco

La barbacoa le da al pescado un sabor único y delicioso, pero que salga bien tiene su truco, ya que la elevada temperatura del carbón puede resecar su delicada carne, aunque sea pescado azul. Este capítulo está repleto de ingeniosas ideas para reforzar el sabor de una amplia variedad de pescado y marisco, sin que pierdan su delicada textura.

En la barbacoa, el pescado se suele asar en papillote, como en el caso del Papillote de bacalao fresco y tomate (véase pág. 24), ya que así se conseva todo el jugo y el sabor del pescado. Pero también existen otras maneras interesantes de envolver el pescado. Pruebe, por ejemplo, la Trucha envuelta con beicon (véase pág. 28), la Caballa en hojas de lechuga (véase pág. 34) o los Salmonetes asados (véase pág. 32), envueltos en hojas de banano al estilo tailandés. Con los adobos, desde las refrescantes mezclas de zumos de cítricos y hierbas, hasta las picantes preparaciones con guindillas o especias, conseguiremos espléndidos resultados.

Estas recetas están inspiradas en platos de todo el mundo, y seguro que encontrará algo adecuado para cada ocasión, desde el Salmón teriyaki (véase pág. 19) hasta las Brochetas mar y montaña (véase pág. 48), y de la Lubina a la caribeña (véase pág. 20) al Salmonete al estilo griego (véase pág. 33). Encontrará pescados enteros, en rodajas o filetes, brochetas, gambas, vieiras e incluso ostras. Las recetas incluyen platos de pescado económicos para un almuerzo en familia, lujosos platos principales para barbacoas especiales, parrilladas rápidas y fáciles, y fabulosas salsas con las que impresionar a sus invitados.

brochetas de pescado a la caribeña

para 6 personas	**preparación: 10 min + 1 h de maceración**	**cocción: 8-10 min**

Especiadas y maceradas, estas vistosas brochetas tienen un aspecto y un sabor fantásticos. Hágalas con cualquier pescado de textura consistente, pero para un sabor caribeño el pez espada es perfecto.

INGREDIENTES

1 kg de rodajas de pez espada

3 cucharadas de aceite de oliva

3 cucharadas de zumo de lima

1 diente de ajo picado fino

1 cucharadita de pimentón

sal y pimienta

3 cebollas cortadas en gajos

6 tomates cortados en gajos

INFORMACIÓN NUTRICIONAL

Valor energético . . . . .274 kcal

Proteínas . . . . .32 g

Hidratos de carbono . . . . . .9 g

Azúcares . . . . .7 g

Grasas . . . . .13 g

Grasas saturadas . . . . .2 g

variación

En lugar de servir las brochetas con las típicas patatas asadas, sírvalas con boniatos asados.

sugerencia

Cuando utilice brochetas de madera, recuerde que tiene que dejarlas 30 minutos en remojo en un bol de agua fría, para evitar que se quemen durante la cocción.

1 Corte el pescado en trozos de 2,5 cm con un cuchillo afilado y déjelo en una fuente llana no metálica. Mezcle el aceite, el zumo de lima, el ajo y el pimentón en una salsera. Salpimente al gusto. Vierta el adobo sobre el pescado, dándole la vuelta para que quede recubierto. Cúbralo con film transparente y déjelo 1 h en la nevera.

2 Precaliente la barbacoa. Ensarte los dados de pescado, los gajos de cebolla y de tomate alternados en 6 brochetas largas de madera, previamente remojadas. Reserve el adobo.

3 Ase las brochetas a temperatura media 8-10 minutos, dándoles la vuelta y untándolas con frecuencia con el adobo reservado. Cuando estén asadas, páselas a una fuente grande y sírvalas inmediatamente.

salmón con salsa de mango

para 4 personas **preparación: 15 min** 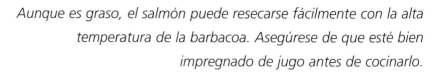 **cocción: 6-8 min**
+ 10 min de reposo

*Aunque es graso, el salmón puede resecarse fácilmente con la alta
temperatura de la barbacoa. Asegúrese de que esté bien
impregnado de jugo antes de cocinarlo.*

INGREDIENTES

4 rodajas de salmón, de 175 g cada una
la ralladura y el zumo de 1 lima o
½ limón
sal y pimienta

SALSA

1 mango grande, pelado,
sin hueso y cortado en dados
1 cebolla roja picada fina
2 granadillas
2 ramitas de albahaca fresca
2 cucharadas de zumo de lima
sal

INFORMACIÓN NUTRICIONAL	
Valor energético	.....360 kcal
Proteínas	............37 g
Hidratos de carbono	.....11 g
Azúcares	.............9 g
Grasas	..............20 g
Grasas saturadas	........3 g

sugerencia

La manera más rápida de cortar
el mango es partirlo en dos,
retirar el hueso, cortar la pulpa
en forma de rejilla sin atravesar
la piel y, a continuación,
volverlo del revés e ir sacando
los dados.

1 Precaliente la barbacoa.
Lave las rodajas de
salmón bajo el chorro de agua
fría, séquelas con papel de
cocina y déjelas en una fuente
grande y llana no metálica.
Esparza la ralladura de lima y
vierta el zumo por encima.
Salpimente al gusto y déjelas
reposar mientras prepara la
salsa.

2 Ponga el mango en
un bol con la cebolla.
Corte la granadilla por la
mitad y extraiga las semillas
y la pulpa con una cucharita.
Desmenuce las hojas de
albahaca y añádalas al bol,
junto con el zumo de lima.
Sale al gusto y remueva bien.
Cúbralo con film transparente
y resérvelo hasta que lo
necesite.

3 Ase las rodajas de
salmón a temperatura
media 3-4 minutos por cada
lado. Sírvalas inmediatamente
con la salsa.

salmón teriyaki

cocción: 10 min

preparación: 10 min
+ 2 h de maceración

para 4 personas

*Esta dulce pero picante salsa japonesa adereza maravillosamente
la carne de salmón. Escoja una fresca lechuga romana o iceberg
para servir con la salsa caliente.*

INFORMACIÓN NUTRICIONAL

Valor energético . . . . .426 kcal

Proteínas . . . . .34 g

Hidratos de carbono . . . . .22 g

Azúcares . . . . .10 g

Grasas . . . . .21 g

Grasas saturadas . . . . . . .4 g

INGREDIENTES

4 filetes de salmón, de 175 g cada uno

SALSA

1 cucharada de harina de maíz

125 ml de salsa de soja oscura

4 cucharadas de *mirin* o jerez semiseco

**2 cucharadas de vinagre de arroz
o de sidra**

2 cucharadas de miel fluida

PARA SERVIR

½ pepino

ensalada verde mixta

4 cebolletas en rodajitas diagonales

variación

Sustituya el salmón por
4 porciones de pechuga de
pollo de 115 g. Haga unas
incisiones antes de la
maceracion y ase el pollo
15 minutos.

1 Lave las rodajas bajo
el chorro de agua
fría, séquelas con papel de
cocina y déjelas en una fuente
grande y llana. Para la salsa,
disuelva la harina de maíz en
la salsa de soja hasta formar
una pasta suave y añada el
resto de los ingredientes.
Vierta ¾ de la salsa sobre el
salmón, dándole la vuelta para
que quede bien recubierto.

2 Precaliente la barbacoa.
Corte el pepino en
bastoncitos y disponga las
hojas de lechuga, el pepino y
la cebolleta en 4 platos. Ponga
el resto de la salsa en un cazo
y déjelo sobre la barbacoa para
que se vaya calentando.

3 Retire las rodajas de
salmón de la fuente
y reserve el adobo. Ase el

pescado a temperatura media,
untándolo con frecuencia
con el adobo reservado, unos
3-4 minutos por cada lado.
Pase las rodajas de salmón a
los platos con la ensalada y
vierta la salsa caliente por
encima. Sírvalas.

lubina a la caribeña

cocción: 20 min   **preparación: 15 min**   **para 6 personas**

Éste puede ser un magnífico plato principal para una barbacoa especial, y resulta muy fácil de preparar. Es imprescindible tener una parrilla doble, ya que de otro modo sería casi imposible darle la vuelta sin romperlo y sin estropear su espectacular aspecto.

INFORMACIÓN NUTRICIONAL

Valor energético . . . . .211 kcal

Proteínas . . . . .36 g

Hidratos de carbono . . . . . .0 g

Azúcares . . . . .0 g

Grasas . . . . .7 g

Grasas saturadas . . . . . . .1 g

variación

Sustituya las rodajas de lima y de limón insertadas en el pescado por unas de pomelo y naranja, y adorne el pescado con gajos de naranja.

INGREDIENTES

1,5 kg de lubina, limpia y sin escamas

1-2 cucharaditas de aceite de oliva

1 cucharadita de azafrán molido

sal y pimienta

½ limón cortado en rodajas y un poco más para decorar

1 lima cortada en rodajas y un poco más para decorar

1 ramito de tomillo fresco

sugerencia

Para darle más aroma al pescado, puede esparcir unas ramitas de tomillo seco sobre el carbón caliente mientras lo asa. Añádalas hacia el final de la cocción porque se queman muy rápido.

1 Precaliente la barbacoa. Lave luego la lubina por dentro y por fuera bajo el chorro de agua fría y séquela con papel de cocina. Con un cuchillo afilado haga una serie de incisiones diagonales poco profundas en ambos lados. Úntelas con un poquito de aceite y espolvoréelas con el azafrán molido.

2 Unte una parrilla doble y grande para pescado con aceite de oliva y coloque el pescado dentro, pero no la cierre. Salpimente la cavidad y vaya insertando las rodajas de lima y de limón, así como el tomillo, sin llenarla excesivamente.

3 Cierre la parrilla y ase el pescado a temperatura media durante 10 minutos por cada lado. Con cuidado, páselo a una bandeja grande, adórnelo con las rodajas de lima y de limón y sírvalo.

sardinas rellenas

para 6 personas

preparación: 20 min
+ 1 h de maceración

cocción: 6-8 min

Las sardinas frescas a la barbacoa siempre gustan. Normalmente las asamos, sin más, pero en esta receta las rellenamos con hierbas y las rebozamos con una suave mezcla de especias

INGREDIENTES

15 g de perejil fresco picado fino

4 dientes de ajo picados finos

12 sardinas frescas, limpias y escamadas

3 cucharadas de zumo de limón

85 g de harina

1 cucharadita de comino molido

sal y pimienta

aceite de oliva, para untar

INFORMACIÓN NUTRICIONAL

Valor energético	. . . . .327 kcal
Proteínas	. . . . .36 g
Hidratos de carbono	. . . . .12 g
Azúcares	. . . . .1 g
Grasas	. . . . .16 g
Grasas saturadas	. . . . .5 g

variación

Si lo prefiere, sustituya el perejil picado por la misma cantidad de eneldo o tomillo fresco picados.

sugerencia

Para limpiar las sardinas, abra el vientre y saque las tripas. Lave la cavidad y séquela con papel de cocina. Para escamarlas, sujételas por la cola bajo el chorro de agua y deslice la mano de arriba abajo.

1 Mezcle el perejil y el ajo en un bol. Lave las sardinas por dentro y por fuera bajo el chorro de agua fría y séquelas con papel de cocina. Con una cuchara, introduzca las hierbas en las cavidades y esparza el resto por encima. Rocíelas con el zumo de limón y páselas a una fuente grande y llana que no sea metálica. Cúbralas con film transparente y déjelas macerar en la nevera durante 1 hora.

2 Precaliente la barbacoa. Mezcle la harina con el comino molido y salpimente al gusto. Extienda la harina sazonada en un plato grande y reboce las sardinas, con cuidado para que no se caiga todo el adobo.

3 Unte las sardinas con aceite de oliva y áselas a temperatura media durante 3-4 minutos por cada lado. Sírvalas inmediatamente.

papillote de bacalao fresco y tomate

cocción: 6-10 min   **preparación: 10 min**   **para 4 personas**

INFORMACIÓN NUTRICIONAL

Valor energético . . . . .173 kcal

Proteínas . . . . .31 g

Hidratos de carbono . . . . . .3 g

Azúcares . . . . .3 g

Grasas . . . . .3 g

Grasas saturadas . . . . . . .1 g

variación

Bata 115 g de mantequilla ablandada con 2 dientes de ajo machacados, extiéndala sobre las rodajas de bacalao y proceda con la receta.

El bacalao asado de esta forma se mantiene jugoso y suculento, y conserva el sabor del tomate y las hierbas. El vino blanco le da un toque muy especial.

INGREDIENTES

4 rodajas de bacalao fresco, de unos 175 g cada una

2 cucharaditas de aceite de oliva virgen extra

4 tomates pelados y picados

25 g de hojas de albahaca fresca troceadas

4 cucharadas de vino blanco

sal y pimienta

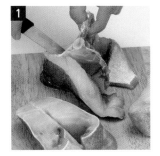

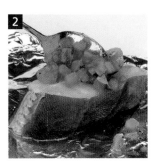

sugerencia

Para una presentación atractiva abra los envoltorios y deslice el contenido sobre los platos, con el lado del tomate hacia arriba. Retire y deseche la piel de la parte exterior de las rodajas de bacalao antes de servirlas.

1 Precaliente la barbacoa. Lave las rodajas de bacalao bajo el chorro de agua fría y séquelas con papel de cocina. Con un cuchillo afilado recorte y deseche la espina central. Recorte 4 rectángulos de 33 x 20 cm de doble grosor de papel de aluminio y úntelos con el aceite de oliva. Coloque una rodaja de bacalao en el centro de cada trozo de papel.

2 Mezcle el tomate con la albahaca y el vino blanco en un bol, y salpimente al gusto. Reparta la mezcla de tomate equitativamente sobre el pescado, levante los bordes del papel de aluminio y ciérrelos bien.

3 Deje los envoltorios sobre el carbón caliente 3-5 minutos por cada lado,

páselos a 4 platos grandes y sírvalos inmediatamente.

rape a la pimienta con limón y naranja

para 6 personas   **preparación: 25 min**   **cocción: 20-25 min**
                         + 1 h de maceración

*Aunque el rape es bastante caro, se aprovecha todo, ya que
aparte de la espina central, la cola entera es comestible.
Es muy gustoso y su textura es especial.*

INGREDIENTES

2 naranjas

2 limones

2 colas de rape, de unos 500 g cada
una, sin piel y cortadas en 4 filetes

6 ramitas de tomillo limonero fresco

2 cucharadas de aceite de oliva

sal

2 cucharadas de pimienta verde
en grano, ligeramente machacada

PARA ADORNAR

gajos de naranja

gajos de limón

INFORMACIÓN NUTRICIONAL

Valor energético . . . . .154 kcal

Proteínas . . . . .25 g

Hidratos de carbono . . . . . .5 g

Azúcares . . . . .5 g

Grasas . . . . .4 g

Grasas saturadas . . . . .1 g

---

variación

Si lo desea puede sustituir la pimienta
verde por pimienta negra, rosada o
una mezcla de ambas, también en
grano.

sugerencia

Para machacar los granos
de pimienta póngalos en una
bolsa de plástico y aplástelos
ligeramente con un rodillo.
También puede hacerlo en el
mortero o molerlos en un
molinillo de café limpio.

1 Corte 8 rodajas de
naranja y 8 de limón,
y reserve el resto de la fruta.
Lave los filetes de rape bajo el
chorro de agua fría y séquelos
con papel de cocina. Sobre
una superficie de trabajo
coloque 1 filete de cada cola,
con el lado cortado hacia
arriba, y ponga encima las
rodajas de las frutas. Esparza
el tomillo limonero picado.

Vuelva a montar las colas y
átelas con un cordel de cocina,
haciendo algunos nudos para
que queden bien sujetas.
Póngalas en una fuente
grande y llana no metálica.

2 Exprima el zumo de
la fruta restante y
mézclelo con el aceite de oliva
en una salsera. Sale a su gusto
y vierta el aliño sobre el

pescado. Cúbralo con film
transparente y déjelo macerar
en la nevera hasta 1 hora,
volviendo a poner una o dos
veces cucharadas de adobo
sobre el pescado.

3 Precaliente la barbacoa.
Escurra las colas de
rape y reserve el adobo.
Esparza la pimienta en grano
machacada sobre el pescado,

presionándola con los dedos.
Ase el rape a temperatura
media, dándole la vuelta y
untándolo con frecuencia,
unos 20-25 minutos. Páselo
a una tabla de picar, retire y
deseche el cordel, y corte las
colas en rodajas. Sírvalas
inmediatamente, adornadas
con gajos de limón y de
naranja.

trucha envuelta con beicon

para 4 personas   **preparación: 15 min**   **cocción: 10-16 min**

Esta clásica combinación queda todavía más deliciosa hecha en la barbacoa, ya que el sabor ahumado del beicon se ve realzado y contrasta con la delicada carne de la trucha.

INGREDIENTES

4 truchas sin tripas

**4 lonchas de beicon magro ahumado
sin la corteza**

4 cucharadas de harina

sal y pimienta

2 cucharadas de aceite de oliva

2 cucharadas de zumo de limón

canónigo, para servir

PARA ADORNAR

ramitas de perejil fresco

gajos de limón

INFORMACIÓN NUTRICIONAL

Valor energético . . . . .448 kcal

Proteínas . . . . .46 g

Hidratos de carbono . . . . .16 g

Azúcares . . . . .1 g

Grasas . . . . .23 g

Grasas saturadas . . . . . . .6 g

sugerencia

La variedad de trucha más común es la arco iris, que se cultiva principalmente en piscifactorias. La trucha dorada está empezando a hacer su aparición en los supermercados y también sería adecuada para esta receta.

1 Precaliente la barbacoa. Lave las truchas por dentro y por fuera bajo el chorro de agua fría, y séquelas con papel de cocina. Extienda el beicon con el dorso de un cuchillo de hoja plana.

2 Salpimente la harina y póngala en un plato grande y llano. Reboce las truchas con cuidado. Empezando justo después de la cabeza, envuelva una loncha de beicon en espiral alrededor de cada trucha.

3 Unte las truchas con aceite de oliva y áselas a temperatura media unos 5-8 minutos por cada lado. Páselas a 4 fuentes grandes y rocíelas con el zumo de limón. Adórnelas con perejil y gajos de limón y sírvalas acompañadas de canónigo.

atún a la brasa con salsa de guindilla

cocción: 20 min

preparación: 15 min + 1 h de maceración

para 4 personas

Un pescado de carne firme como el atún es excelente para preparar en la barbacoa, ya que es consistente y no se rompe durante la cocción. En esta receta lo servimos con una vistosa salsa de guindilla.

INFORMACIÓN NUTRICIONAL

Valor energético . . . . . .337 kcal

Proteínas . . . . .42 g

Hidratos de carbono . . . . . .5 g

Azúcares . . . . .5 g

Grasas . . . . .16 g

Grasas saturadas . . . . . . .3 g

INGREDIENTES

4 rodajas de atún de unos 175 g cada una

la ralladura y el zumo de 1 lima

2 cucharadas de aceite de oliva

sal y pimienta

ramitas de cilantro fresco, para decorar

SALSA DE GUINDILLA

2 pimientos naranja

1 cucharada de aceite de oliva

el zumo de 1 lima

el zumo de 1 naranja

2-3 guindillas rojas frescas, sin semillas y picadas

una pizca de cayena molida

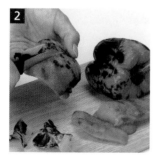

sugerencia

Puede preparar la salsa de guindilla con antelación. Ase los pimientos bajo el grill con el lado de la piel hacia arriba hasta que estén chamuscados y después continúe como indica el paso 2.

1 Lave bien el atún bajo el chorro de agua fría, séquelo con papel de cocina y déjelo en una fuente no metálica grande y llana. Esparza la ralladura de la lima y rocíelo con el zumo y el aceite de oliva. Salpimente al gusto, cúbralo con film transparente y déjelo macerar en la nevera un máximo de 1 hora.

2 Precaliente la barbacoa. Para hacer la salsa, unte los pimientos con el aceite de oliva y áselos sobre el carbón caliente, dándoles la vuelta con frecuencia, unos 10 minutos o hasta que la piel esté chamuscada. Sáquelos de la barbacoa y déjelos entibiar; a continuación, pélelos y quíteles las semillas. Póngalos en una batidora con el resto de los ingredientes de la salsa y bata hasta obtener un puré. Páselo a un bol y salpimente al gusto.

3 Ase el atún sobre el carbón caliente unos 4-5 minutos por cada lado, hasta que esté dorado. Páselo a los platos, adórnelo con las ramitas de cilantro y sírvalo con la salsa.

para 4 personas   **preparación: 15 min** (L
+ 1 h 30 min de maceración   **cocción: 55 min** (L

Este especiado atún al estilo mexicano les encantará a sus invitados
adultos. Reforzamos los intensos sabores de la cayena, la guindilla
y el pimentón con una cucharada de tequila.

INGREDIENTES

4 rodajas de atún de 175 g cada una	**2 tomates bien redondos picados**
ramitas de cilantro fresco, para decorar	**3 cucharadas de ketchup**
gajos de lima, para servir	**2 cucharadas de mostaza suave**
	2 cucharadas de azúcar mascabada
SALSA	**1 cucharada de miel mexicana fluida**
2 cucharadas de aceite de maíz	**1 cucharada de cayena molida**
2 chalotes picados finos	**1 cucharada de guindilla molida**
1 diente de ajo picado fino	**1 cucharada de pimentón**
1 pimiento rojo sin semillas y picado	**1 cucharada de tequila**

INFORMACIÓN NUTRICIONAL

Valor energético . . . . .410 kcal
Proteínas . . . . .44 g
Hidratos de carbono . . . . .25 g
Azúcares . . . . .24 g
Grasas . . . . .15 g
Grasas saturadas . . . . .3 g

variación

Esta receta puede hacerse con otros
pescados grasos, como la trucha
marina o el salmón. Si lo prefiere,
sustituya la lima por limón.

sugerencia

El atún fresco tiene una textura
y un sabor deliciosos, y lo
puede encontrar todo el año.
Procure que sea fresco y que
la carne sea consistente y
tenga un color rosado oscuro
y brillante.

1 Para preparar la salsa,
caliente el aceite en
una cacerola de base gruesa
y refría el chalote y el ajo a
fuego lento, removiendo
ocasionalmente, unos
5 minutos o hasta que se
ablanden, pero sin que lleguen
a coger color. Añada luego el
pimiento rojo, espere 1 minuto
y, a continuación, añada el
tomate y deje a fuego suave,

removiendo de vez en cuando.
Agregue el ketchup, la
mostaza, el azúcar, la miel,
la cayena, la guindilla molida,
el pimentón y el tequila, y
siga refriendo lentamente
20 minutos más. Retire la
cacerola del fuego y déjela
enfriar.

2 Pase la salsa a una
batidora y haga un puré

fino. Lave el pescado bajo el
chorro de agua fría y séquelo
con papel de cocina. Unte
ambos lados de las rodajas
con la salsa, colóquelas en una
fuente llana, cúbralas con film
transparente y déjelas macerar
en la nevera 1 hora. Reserve el
resto de la salsa.

3 Precaliente la barbacoa.
Unte las rodajas de

atún con la salsa y áselas a
temperatura media, untándolas
con frecuencia con la salsa,
3 minutos por cada lado.
Páselas a los platos, adórnelas
con el cilantro fresco y sírvalas
de inmediato con unos gajos
de lima.

salmonetes asados

El pescado se envuelve en hojas de banano, que se compran en supermercados orientales. Si son congeladas, espere a que se descongelen. También puede envolverlo en papel de aluminio.

INGREDIENTES

4 hojas de banano

2 limas

3 dientes de ajo

4 salmonetes de unos 350 g cada uno

2 cebolletas en rodajitas finas

1 trozo de 2,5 cm de jengibre fresco

1 cebolla picada fina

4½ cucharaditas de aceite de cacahuete o de maíz

3 cucharadas de *kecap manis*

1 cucharadita de cilantro molido

1 cucharadita de comino molido

¼ de cucharadita de clavo molido

¼ de cucharadita de cúrcuma molida

INFORMACIÓN NUTRICIONAL

Valor energético	233 kcal
Proteínas	32 g
Hidratos de carbono	3 g
Azúcares	1 g
Grasas	10 g
Grasas saturadas	0 g

sugerencia

El *kecap manis* es una variedad espesa y dulce de salsa de soja, que encontrará en supermercados orientales. Si no fuera así, utilice salsa de soja normal.

1 Precaliente la barbacoa. Si fuera necesario, recorte las hojas de banano en 4 cuadrados de 40 cm, con unas tijeras o un cuchillo afilado. Corte ½ lima en rodajitas y 1 diente de ajo en láminas muy finas. Limpie el pescado y escámelo; a continuación, lávelo por dentro y por fuera bajo el chorro de agua fría y séquelo con papel de cocina. Haga una serie de incisiones diagonales en ambos lados e inserte las rodajas de lima y las láminas de ajo. Ponga el pescado sobre los rectángulos de hojas de banano y reparta las cebolletas por encima.

2 Pique el resto del ajo bien fino y exprima el zumo de las limas restantes.

Pique el jengibre fino y ponga el ajo en un cuenco con la cebolla, el jengibre, el aceite, el *kecap manis*, las especias y el zumo de lima, y mézclelos hasta formar una pasta.

3 Introduzca la pasta en las cavidades del pescado con una cuchara y extiéndala por encima. Envuelva los salmonetes en las hojas de banano y átelas con cordel de cocina. Áselas a temperatura media unos 15-20 minutos. Sírvalas.

salmonetes al estilo griego

cocción: 16-20 min   **preparación: 20 min + 45 min de maceración**   **para 4 personas**

Aunque el pescado va envuelto en hojas de parra, se aconseja utilizar una parrilla doble para darle la vuelta sin estropearlo. Las hojas de parra mantienen el pescado jugoso y con todo su sabor.

INFORMACIÓN NUTRICIONAL

Valor energético . . . . .364 kcal

Proteínas . . . . .33 g

Hidratos de carbono . . . . . .1 g

Azúcares . . . . .0 g

Grasas . . . . .26 g

Grasas saturadas . . . . .3 g

INGREDIENTES

4 salmonetes de unos 350 g cada uno
limpios y sin escamas
sal y pimienta
4 dientes de ajo en láminas finas
4 cucharadas de mezcla de perifollo,
orégano y romero frescos, picados
finos
6 cucharadas de aceite de oliva virgen
extra y un poco más para untar
2 cucharadas de vinagre de vino tinto
16-20 hojas de parra en salmuera
escurridas y lavadas con agua
hirviendo

sugerencia

Si utiliza hojas de parra frescas, recorte los tallos y póngalas en una cacerola cubiertas con agua fría. Llévelas a ebullición, escúrralas inmediatamente y refrésquelas bajo el chorro de agua fría.

1 Lave el pescado por dentro y por fuera bajo el chorro de agua fría y séquelo con papel de cocina. Con un cuchillo afilado, haga una serie de incisiones en diagonal en ambos lados. Salpimente y rellene las cavidades con el ajo y las hierbas. Pase los salmonetes a una fuente grande y llana no metálica. Mezcle el aceite con el vinagre en una salsera y salpimente al gusto. Vierta el adobo sobre el pescado, cúbralo con film transparente y déjelo macerar en la nevera hasta 45 minutos.

2 Precaliente la barbacoa. Unte una parrilla doble para pescado con aceite de oliva. Envuelva el pescado en las hojas de parra preparadas, comprobando que queda bien recubierto. Pase el pescado a la parrilla.

3 Ase el pescado a temperatura media 8-10 minutos por cada lado y sírvalo inmediatamente.

caballa en hojas de lechuga

⏲ **cocción: 35 min**   ⏱ **preparación: 30 min**   **para 6 personas**

La caballa tiene una textura consistente y un buen sabor. Es muy nutritiva y sacia el apetito. Se suele servir con una salsa de sabor ácido, por ejemplo de arándanos, pero en este caso la usamos como relleno. Acompáñela con patatas nuevas y ensalada.

INFORMACIÓN NUTRICIONAL

Valor energético . . . . .582 kcal	
Proteínas . . . . .45 g	
Hidratos de carbono . . . . .14 g	
Azúcares . . . . .5 g	
Grasas . . . . .39 g	
Grasas saturadas . . . . . . .9 g	

variación

Si prefiere puede sustituir las grosellas por la misma cantidad de ruibarbo picado.

INGREDIENTES

24-30 hojas grandes de lechuga romana o iceberg

6 caballas limpias

sal y pimienta

2 cucharadas de crema de rábano picante

18 ramitas de eneldo fresco

RELLENO

125 ml de agua

2 cucharadas de zumo de limón

1 manzana para asar

15 g de mantequilla

2 chalotes picados finos

125 g de grosellas sin el rabillo

25 g de pan rallado

55 g de copos de avena

1 cucharada de sidra seca

2 cucharadas de eneldo fresco picado

sal y pimienta

sugerencia

Cueza primero los envoltorios con el lado de la juntura hacia abajo 5 minutos, para sellarlos. Después deles la vuelta con unas pinzas o una espátula y áselos 5 minutos más o hasta que el pescado se haga.

1 Precaliente la barbacoa. Para hacer el relleno vierta el agua en un cuenco y agregue el zumo de limón. Pele la manzana, quítele el corazón, córtela en dados y déjela en el agua. Derrita la mantequilla en un cazo y saltee el chalote, removiendo de vez en cuando, 5 minutos o hasta que se haya ablandado. Escurra la manzana y añádala al cazo junto con las grosellas. Reserve el agua. Remueva durante 2-3 minutos y agregue el agua. Cueza a fuego lento 5 minutos. Retire del fuego y deje entibiar.

2 Mientra tanto escalde las hojas de lechuga en agua hirviendo 10 segundos, escúrralas y refrésquelas bajo el chorro de agua fría.

3 Mezcle el pan rallado con 2 cucharadas de copos de avena y la sidra, y añádalo a la fruta cuando se haya entibiado. Incorpore el eneldo picado y salpimente al gusto. Lave la caballa por dentro y por fuera bajo el chorro de agua fría y séquela con papel de cocina. Salpimente las cavidades y rellénelas.

4 Extienda 1 cucharadita de rábano picante sobre el pescado y rebócelo con el resto de copos de avena. Disponga 4-5 hojas de lechuga en forma rectangular y coloque 3 ramitas de eneldo en el centro. Ponga un pescado encima y envuélvalo todo menos la cabeza y la cola. Áselos a temperatura media 10 minutos por cada lado.

brochetas variadas de pescado y marisco

para 6 personas **preparación: 15 min** ⟳ **cocción: 20 min** ⟳
+ 1 h de maceración

Las brochetas de marisco siempre resultan atractivas y populares.
En esta receta las servimos con una sabrosa salsa para mojar.

INGREDIENTES

2 cucharadas de semillas de sésamo

500 g de rodajas de pez espada o
filetes de rape

350 ml de vino blanco seco

2 cucharadas de aceite de girasol o
de maíz

la ralladura y el zumo de 2 limas

2 dientes de ajo picados finos

sal y pimienta

1½ cucharaditas de harina de maíz

2 cucharadas de agua

2 cucharadas de cilantro fresco picado

12 vieiras limpias

12 langostinos crudos

INFORMACIÓN NUTRICIONAL

Valor energético . . . . .257 kcal

Proteínas . . . . .31 g

Hidratos de carbono . . . . . .5 g

Azúcares . . . . .1 g

Grasas . . . . .9 g

Grasas saturadas . . . . .2 g

---

variación

Para un plato más económico,
sustituya la mitad de los langostinos
por gajos de tomate y la mitad de
las vieiras por gajos de cebolla.

sugerencia

No pele los langostinos
porque enteros quedan
mucho más atractivos.
Tenga un bol a mano para
depositar las cabezas y las
cáscaras.

1 Tueste las semillas de
sésamo en una sartén
de base gruesa tapada, hasta
que empiecen a abrirse y a
despedir aroma. Retírelas del
fuego y resérvelas. Corte el
pescado en dados de 2,5 cm
y déjelos en una fuente llana
no metálica. Mezcle 200 ml de
vino con el aceite, la ralladura
y el zumo de lima y el ajo en
una salsera, y salpimente al

gusto. Vierta la mitad sobre el
el pescado, dele la vuelta para
que quede bien recubierto y
ponga el resto en un cazo.
Cubra el pescado con film
transparente y déjelo macerar
en un lugar fresco o en la
nevera hasta 1 hora.

2 Precaliente la barbacoa.
Coloque el cazo a
fuego lento y agregue el resto

del vino. Disuelva la harina
de maíz en agua para hacer
una pasta fina, y añádala al
cazo. Lleve a ebullición,
removiendo constantemente,
y deje a fuego suave hasta
que la salsa se haya espesado.
Retírela del fuego y añada el
cilantro y el sésamo. Cubra
el cazo y déjelo a un lado de
la barbacoa para mantenerlo
caliente.

3 Retire el pescado del
adobo y ensártelo
en 6 brochetas metálicas,
alternándolo con las vieiras
y los langostinos. Áselas a
temperatura media, dándoles
la vuelta de vez en cuando,
5-8 minutos, o hasta que el
pescado esté asado y los
langostinos hayan cambiado
de color. Páselos a una fuente
grande y sírvalos con la salsa.

pescado con especias al estilo indonesio

 cocción: 16 min

preparación: 15 min
+ 1 h de maceración

para 6 personas

INFORMACIÓN NUTRICIONAL	
Valor energético . . . . .183 kcal	
Proteínas . . . . .27 g	
Hidratos de carbono . . . . . .1 g	
Azúcares . . . . .1 g	
Grasas . . . . .8 g	
Grasas saturadas . . . . . . .1 g	

Este exótico plato tiene un aspecto y un sabor espectaculares.
Rebozamos el pescado con una pasta a base de guindilla, jengibre
y zumo de lima para sazonarlo antes de asarlo.

INGREDIENTES

1 kg de besugo o cubera roja

4 dientes de ajo picados finos

2 guindillas rojas frescas, sin semillas y
picadas finas

1 trozo de 2,5 cm de jengibre fresco
cortado en rodajitas

4 cebolletas picadas

el zumo de 1 lima

2 cucharadas de aceite de maíz
y un poco más para untar

sal

coco rallado, para decorar (opcional)

variación

Si lo prefiere puede sustituir el aceite
de maíz por la misma cantidad de
aceite de girasol, y el zumo de lima
por zumo de limón.

sugerencia

Para limpiar el pescado ábrale
el vientre con un cuchillo
afilado y sáquele las tripas.
Escámelo fuera de casa o
metido en una bolsa de
plástico porque las escamas
saltan a todas partes.

1 Lave el pescado (*véase*
sugerencia) por dentro
y por fuera bajo el chorro de
agua fría y escámelo
empezando por la cola y
avanzando hacia la cabeza.
Séquelo con papel de cocina.
Con un cuchillo afilado haga
una serie de incisiones en
ambos lados y colóquelo en
un plato grande y llano no
metálico.

2 Ponga el ajo, las
guindillas, el jengibre
y la cebolleta en una picadora
y haga una pasta. Pásela a un
cuenco pequeño, agregue el
zumo de lima y el aceite y
añada sal al gusto. Ponga
1-2 cucharadas de especias en
la cavidad del pescado y el
resto por encima, dándole la
vuelta para recubrirlo bien.
Cúbralo con film transparente

y déjelo macerar en un lugar
fresco o en la nevera hasta
1 hora.

3 Precaliente la barbacoa.
Unte un poco una
parrilla doble con aceite y
ponga en ella el pescado,
reservando el adobo. Áselo a
temperatura media, untándolo
frecuentemente con el adobo,
8 minutos por cada lado o

hasta que la carne se pueda
desmenuzar con facilidad.
Sírvalo de inmediato, aderezado
con el coco rallado si así lo
desea.

vieiras rebozadas

para 4 personas   **preparación: 10 min** ⏲ **+ 30 min de maceración**   **cocción: 8-10 min** ⏲

Ésta es una innovadora y estupenda forma de asar unas vieiras en la barbacoa. También puede utilizar otro tipo de marisco, como ostras.

INGREDIENTES

1 limón

6 cucharadas de aceite de oliva

sal y pimienta

12 vieiras limpias

115 g de pan rallado

55 g de mantequilla derretida

gajos de limón, para decorar (opcional)

INFORMACIÓN NUTRICIONAL

Valor energético	.....432 kcal
Proteínas	............26 g
Hidratos de carbono	.....15 g
Azúcares	.............1 g
Grasas	..............30 g
Grasas saturadas	........10 g

1 Ralle la piel del limón bien fina y mézclela en un plato con el aceite de oliva. Salpimente al gusto, añada las vieiras y rebócelas. Tápelas y déjelas macerar 30 minutos.

2 Ponga el pan rallado en un cuenco grande, vaya rebozando las vieiras una a una, procurando que queden bien recubiertas, y ensártelas en brochetas de madera previamente remojadas. Rocíelas con la mantequilla derretida.

3 Ase las vieiras a temperatura media, dándoles la vuelta una vez, unos 8-10 minutos. Páselas a una fuente grande, adórnelas con gajos de limón, si lo desea, y sírvalas inmediatamente.

sugerencia

No es necesario recortar la parte de color coral antes de rebozar y asar las vieiras. Ponga las vieiras espaciadas en las brochetas para asegurarse de que se asan uniformemente.

vieiras con beicon

cocción: 10 min **preparación: 20 min** **para 4 personas**

Estos tentadores bocaditos están deliciosos servidos muy calientes con alioli frío y una copa de champán o vino espumoso.

INFORMACIÓN NUTRICIONAL

Valor energético	. . . . .974 kcal
Proteínas	. . . . .55 g
Hidratos de carbono	. . . . . .5 g
Azúcares	. . . . .0 g
Grasas	. . . . .82 g
Grasas saturadas	. . . . .21 g

INGREDIENTES

20 vieiras limpias

4 cucharadas de zumo de limón

sal y pimienta

20 lonchas de beicon magro sin corteza

ALIOLI

4 dientes de ajo machacados

sal y pimienta

2 yemas de huevo

225 ml de aceite de oliva virgen extra

variación

Estas vieiras envueltas en beicon también quedan muy sabrosas con salsa tártara en lugar de alioli.

1 Precaliente la barbacoa. Para hacer el alioli, ponga el ajo en un cuenco con una pizca de sal y macháquelo con el dorso de una cuchara. Agregue las yemas de huevo y bátalo con unas varillas eléctricas 30 segundos o hasta que quede cremoso. Incorpore el aceite de oliva gota a gota y cuando empiece a espesar añádalo en un chorrito continuo. Salpimente al gusto, tape el cuenco y resérvelo hasta que lo necesite.

2 Rocíe las vieiras con el zumo de limón y salpiméntelas al gusto. Extienda las lonchas de beicon ayudándose con la hoja de un cuchillo, y envuelva con ellas las vieiras, sujetándolas con unos palillos.

3 Ase las vieiras a temperatura media, 5 minutos por cada lado. Páselas a una fuente grande y sírvalas inmediatamente con el alioli.

diablos a la parrilla

cocción: 5 min   **preparación: 30 min**   **para 4 personas**

INFORMACIÓN NUTRICIONAL

Valor energético . . . . .444 kcal

Proteínas . . . . .32 g

Hidratos de carbono . . . . . .3 g

Azúcares . . . . .1 g

Grasas . . . . .34 g

Grasas saturadas . . . . .13 g

variación

Puede sustituir el chalote por una cebolleta pequeña bien picada, y el perejil por la misma cantidad de cebollino.

Versión para la barbacoa del clásico aperitivo llamado «ángeles a caballo». Son una prueba de lo elegante y sofisticada que puede resultar una cena al aire libre.

INGREDIENTES

36 ostras frescas

18 lonchas de beicon magro sin corteza

1 cucharada de pimentón dulce

1 cucharadita de cayena molida

SALSA

1 guindilla roja fresca, sin semillas y picada fina

1 diente de ajo picado fino

1 chalote picado fino

2 cucharadas de perejil fresco picado

2 cucharadas de zumo de limón

sal y pimienta

sugerencia

Para abrir una ostra, envuélvase una mano con un paño de cocina y agarre la ostra con la valva plana hacia arriba. Ábrala con un cuchillo resistente y pase la hoja por el interior de la valva para cortar el músculo.

1 Precaliente la barbacoa. Luego, abra las ostras procurando que el jugo caiga en un cuenco y resérvelo. Retírelas de la valva inferior. Para la salsa, añada la guindilla roja, el ajo, el chalote, el perejil y el zumo de limón al jugo de las ostras, salpimente y remueva bien. Tape y deje enfriar en la nevera.

2 Corte cada loncha de beicon por la mitad, a lo ancho. Sazone las ostras con pimentón y cayena molida, y envuélvalas individualmente con media loncha de beicon. Ensártelas en 4 brochetas de madera previamente remojadas, o en palillos.

3 Áselas sobre el carbón caliente, dándoles la vuelta con frecuencia, unos 5 minutos, o hasta que el beicon esté dorado y crujiente. Páselas a una fuente grande y sírvalas inmediatamente con la salsa.

langostinos con salsa de cítricos

para 6 personas   **preparación: 25 min** ⏱   **cocción: 6 min** ⏱

La salsa de fruta y hierbas realza el sabor de los langostinos a la parrilla. Puede prepararla antes que la barbacoa y guardarla en la nevera hasta el momento de servirla.

INGREDIENTES

36 langostinos grandes crudos

2 cucharadas de cilantro fresco
picado fino

una pizca de cayena molida

3-4 cucharadas de aceite de maíz

hojas de cilantro fresco, para decorar

gajos de lima, para servir

SALSA

1 naranja

1 manzana ácida, pelada, cuarteada
y sin el corazón

2 guindillas rojas frescas, sin semillas
y picadas

1 diente de ajo picado

8 ramitas de cilantro fresco

8 ramitas de menta fresca

4 cucharadas de zumo de lima

sal y pimienta

variación

Si lo prefiere puede omitir la menta fresca de la salsa y sustituirla por cilantro extra.

sugerencia

Para quitarles el hilo intestinal a los langostinos, hágales una incisión en el dorso y vaya retirándolo con la punta de un cuchillo. Es mejor quitarlo porque puede estropear el sabor.

1 Precaliente la barbacoa. Para hacer la salsa, pele la naranja y córtela en gajos. Reserve el jugo que se derrame. Ponga los gajos de naranja con los cuartos de manzana, la guindilla, el ajo, el cilantro y la menta en una picadora y pique hasta que la mezcla quede suave. Sin dejar de picar vaya agregando el zumo de lima. Pase la salsa a un cuenco y salpimente al gusto. Cúbrala con film transparente y guárdela en la nevera hasta que la necesite.

2 Con un cuchillo afilado, retire y deseche las cabezas de los langostinos y después pélelos. Hágales una incisión en el dorso y quíteles el hilo intestinal (*véase* sugerencia). Lávelos bajo el chorro de agua fría y séquelos con papel de cocina. En un plato, mezcle el cilantro picado con la cayena molida y el aceite de maíz, y reboce bien los langostinos.

3 Ase los langostinos a temperatura media 3 minutos por cada lado, o hasta que hayan cambiado de color. Páselos a una fuente grande, adórnelos con unas hojas de cilantro fresco y sírvalos inmediatamente con los gajos de lima y la salsa.

langostinos al coco

para 4 personas | **preparación: 15 min** ⏲ | **cocción: 8 min** ⏲
+ 1 h de maceración

Esta clásica combinación de sabores tailandeses es perfecta para los langostinos a la brasa, aunque también quedaría bien con otro tipo de pescado o marisco.

INGREDIENTES

6 cebolletas

400 ml de leche de coco

la ralladura fina y el zumo de 1 lima

4 cucharadas de cilantro fresco picado

2 cucharadas de aceite de girasol
o de maíz

pimienta

650 g de langostinos crudos

PARA ADORNAR

gajos de limón

ramitas de cilantro fresco

INFORMACIÓN NUTRICIONAL

Valor energético	. . . . .218 kcal
Proteínas	. . . . .29 g
Hidratos de carbono	. . . . . .7 g
Azúcares	. . . . .6 g
Grasas	. . . . .7 g
Grasas saturadas	. . . . .1 g

sugerencia

La leche de coco no es lo mismo que el agua de coco que se encuentra en el interior del coco fresco. Se vende enlatada en supermercados y tiendas de alimentación oriental.

1 Pique las cebolletas bien finas y póngalas en una fuente llana no metálica con la leche de coco, la ralladura y el zumo de lima, el cilantro y el aceite. Remueva y salpimente al gusto. Reboce los langostinos procurando que queden bien recubiertos, y déjelos macerar en la nevera durante 1 hora.

2 Precaliente la barbacoa. Escurra los langostinos y reserve el adobo. Ensártelos en 8 brochetas metálicas largas.

3 Ase las brochetas a temperatura media, untándolas con el adobo reservado y dándoles la vuelta con frecuencia, unos 8 minutos o hasta que hayan cambiado de color. Ase los gajos de limón, con el lado de la piel hacia abajo, durante los 5 últimos minutos de cocción de los langostinos. Sírvalos inmediatamente, adornados con los gajos de limón calientes y las ramitas de cilantro.

gambas a la española

cocción: 25 min   **preparación: 20 min**   **para 6 personas**

Estas gambas frescas se sirven con una salsa picante de tomate y guindilla. Si prefiere un sabor más suave, puede reducir el número de guindillas.

INFORMACIÓN NUTRICIONAL

Valor energético . . . . .175 kcal

Proteínas . . . . .12 g

Hidratos de carbono . . . . . .5 g

Azúcares . . . . .5 g

Grasas . . . . .12 g

Grasas saturadas . . . . .2 g

INGREDIENTES

1 manojo de perejil fresco

36 gambas de playa grandes, crudas, peladas, sin el hilo intestinal y con la cola

3-4 cucharadas de aceite de oliva

gajos de limón, para decorar

SALSA

6 guindillas rojas frescas

1 cebolla picada

2 dientes de ajo picados

500 g de tomates picados

3 cucharadas de aceite de oliva

una pizca de azúcar

sal y pimienta

sugerencia

Para que resulte más fácil dar la vuelta a las gambas, ensártelas en pequeñas brochetas de madera remojadas y áselas sobre la parrilla. Así se harán de manera uniforme.

1 Precaliente la barbacoa. Pique 2 cucharadas de perejil y resérvelo. Para hacer la salsa retire las semillas de las guindillas, píquelas y póngalas en una picadora con la cebolla y el ajo. Píquelos hasta que estén finos, agregue los tomates y el aceite de oliva, y haga un puré.

2 Pase la mezcla a un cazo, déjela a fuego muy suave, añada el azúcar y salpimente al gusto. Deje cocer a fuego lento, sin que llegue a hervir, unos 15 minutos. Pase la salsa a un bol de cerámica y déjelo a un lado de la barbacoa para mantenerlo caliente.

3 Lave las gambas bajo el chorro de agua fría y séquelas con papel de cocina. En un plato, mezcle el perejil y el aceite de oliva y reboce bien las gambas. Áselas a temperatura media unos 3 minutos por cada lado o hasta que hayan cambiado de color. Páselas a una bandeja, adórnelas con gajos de limón y sírvalas con la salsa.

brochetas mar y montaña

cocción: 6-10 min   **preparación: 20 min**   **para 4 personas**

INFORMACIÓN NUTRICIONAL

Valor energético	.516 kcal
Proteínas	.50 g
Hidratos de carbono	.23 g
Azúcares	.18 g
Grasas	.26 g
Grasas saturadas	.5 g

variación

También puede utilizar otros tipos de hortalizas, como tiras de pimiento rojo o unas cebollitas.

Un conocido plato australiano que ofrece lo mejor de ambos mundos: los langostinos del mar y la carne de la montaña. Diferentes sazones para cada uno de ellos.

INGREDIENTES

12 langostinos crudos

4 chalotes cortados por la mitad

12 tomates cereza

2 cucharadas de aceite de girasol

½ cucharadita de cilantro molido

pimienta

BROCHETAS DE TERNERA

400 g de cuarto trasero en dados

4 cebollas cuarteadas

8 hojas de laurel

2 cucharadas de aceite de girasol

½-¾ cucharadita de guindilla molida

BROCHETAS DE POLLO

400 g de pechugas de pollo sin piel, deshuesadas y cortadas en dados de 2,5 cm

2 calabacines cortados en rodajas gruesas

2 rodajas de piña fresca cortadas en dados

2 cucharadas de aceite de girasol

2 cucharadas de salsa de soja oscura

2 cucharadas de jalea de arándanos

pimienta

1 Precaliente la barbacoa. Quíteles la cabeza a los langostinos. Ensarte los chalotes, los langostinos y los tomates cereza, alternados en 4 brochetas metálicas. Ensarte la ternera, los cuartos de cebolla y las hojas de laurel, alternados en brochetas metálicas. Ensarte el pollo, el calabacín y la piña, alternados en 4 brochetas metálicas.

2 Para las brochetas de langostinos, mezcle el aceite con el cilantro molido en un bol pequeño, salpimente y unte los langostinos. Para las brochetas de ternera, mezcle el aceite con la guindilla molida, al gusto, en un bol aparte y unte las brochetas. Para las de pollo, mezcle el aceite con la salsa de soja y la jalea de arándanos en un

tercer bol, salpimente al gusto y unte las brochetas.

3 Ase las brochetas de langostinos a temperatura media, dándoles la vuelta con frecuencia y untándolas con el aceite de cilantro que pueda quedar, unos 6-8 minutos. Ase las brochetas de ternera sobre la parte más caliente de la

barbacoa, dándoles la vuelta con frecuencia y untándolas con el resto del aceite de guindilla, unos 5-8 minutos. Ase las brochetas de pollo a temperatura media durante 6-10 minutos, dándoles la vuelta con frecuencia y untándolas con el aceite de soja que pueda quedar. Sírvalas cuando estén todas asadas.

carnes blancas

El pollo es uno de los alimentos más populares para la barbacoa y en este capítulo exploramos toda su versatilidad. Ya sean muslos, cuartos, pechugas, alas o brochetas, esta carne a veces un poco insípida es ideal para combinar con una amplísima gama de sabores y adobos. Tanto si le gusta picante y especiado, sutil y aromático, suculento y muy sabroso, o bien afrutado y refrescante, seguro que encontrará un plato para deleitar su paladar. Desde los clásicos familiares, como los Muslitos de pollo con mostaza y miel (véase pág. 54) y el Pollo tikka (véase pág. 72), hasta otros más inusuales, como las Brochetas jamaicanas (véase pág. 56) y el Pollo picante a la italiana (véase pág. 70).

Muchas recetas de pollo se pueden adaptar fácilmente a pechugas o filetes de pavo. Este capítulo contiene recetas específicas para esta ave, como los sabrosos Rollitos de pavo (véase pág. 77), servidos con una vistosa salsa de grosellas, una opción perfecta para sus invitados. El pavo es excelente para la barbacoa porque su carne tiene un elevado contenido graso y eso garantiza que quede jugoso. Pero si quiere algo más espectacular, pruebe los Picantones con salvia y limón (véase pág. 60), pollitos tiernos que se asan abiertos y enteros.

Además de adobos, muchas recetas incluyen sabrosas salsas, pesto y tapenades. Pruebe los Muslitos de pollo con adobo picante (véase pág. 55), las Alitas de pollo con especias (véase pág. 68) con una vistosa salsa, o el Pollo picante con pan de pita (véase pág. 74). Combine las salsas para adecuarlas al gusto de su familia y para ampliar el repertorio de su barbacoa.

pollo cajun

cocción: 25-30 min   **preparación: 10 min**   **para 4 personas**

variación

Pruebe esta mezcla de especias con pez espada. Reboce el pescado y el maíz por separado, ase las mazorcas 15 minutos y el pescado 6-8 minutos.

Rebozamos el pollo y el maíz con una aromática mezcla, antes de chamuscarlos ligeramente en la barbacoa, para realzar los sabores de las diferentes especias.

INGREDIENTES

4 muslitos de pollo

4 contramuslos de pollo

2 mazorcas de maíz frescas sin la farfolla ni las barbas

85 g de mantequilla derretida

MEZCLA DE ESPECIAS

2 cucharaditas de cebolla deshidratada molida

2 cucharaditas de pimentón

1½ cucharaditas de sal

1 cucharadita de ajo deshidratado molido

1 cucharadita de tomillo seco

1 cucharadita de cayena molida

1 cucharadita de pimienta negra molida

½ cucharadita de pimienta blanca molida

¼ de cucharadita de comino molido

sugerencia

Para quitar las farfollas de las mazorcas, tire de ellas suavemente en dirección a la base, a continuación, recorte la base y retire las barbas.

1 Precaliente la barbacoa. Con un cuchillo afilado haga 2-3 incisiones diagonales en los muslitos y en los contramuslos, y colóquelos en una fuente grande. Corte las mazorcas en rodajas gruesas y añádalas al plato. Combine todos los ingredientes de la mezcla de especias en un bol pequeño.

2 Unte el pollo y el maíz con la mantequilla derretida y espolvoréelos con la mezcla de especias.

3 Ase el pollo a temperatura media unos 15 minutos, dándole la vuelta ocasionalmente. Añadale las rodajas de maíz y áselas, dándoles la vuelta de vez en cuando, 10-15 minutos o hasta que estén ligeramente chamuscadas por los bordes. Páselo todo a una fuente grande y sírvalo de inmediato.

muslitos de pollo con mostaza y miel

para 4 personas   **preparación: 10 min** **+ 1 h de maceración**   **cocción: 25-30 min**

El pollo puede ser bastante insípido, pero este glaseado agridulce le da un estupendo sabor y lo mantiene jugoso durante la cocción.

INGREDIENTES

8 muslitos de pollo

ramitas de perejil fresco, para decorar

ensalada, para servir

GLASEADO

125 ml de miel fluida

4 cucharadas de mostaza de Dijon

4 cucharadas de mostaza de grano entero

4 cucharadas de vinagre de vino blanco

2 cucharadas de aceite de girasol

sal y pimienta

INFORMACIÓN NUTRICIONAL

Valor energético . . . . .409 kcal

Proteínas . . . . .32 g

Hidratos de carbono . . . . .27 g

Azúcares . . . . .26 g

Grasas . . . . .19 g

Grasas saturadas . . . . .4 g

variación

Pruebe este glaseado con costillas de cerdo. Macere 900 g de costillas en el glaseado 1 hora. Áselas 15-20 minutos, untándolas con el glaseado.

1 Con un cuchillo afilado, haga 2-3 incisiones en diagonal en los muslitos de pollo y déjelos en una fuente grande no metálica.

2 Combine todos los ingredientes del glaseado en una salsera y salpimente al gusto. Vierta el glaseado sobre los muslitos y deles la vuelta para recubrirlos bien. Cúbralos con film transparente y déjelos macerar en la nevera como mínimo 1 hora.

3 Precaliente la barbacoa. Escurra los muslitos de pollo y reserve el adobo. Ase los muslitos a temperatura media, dándoles la vuelta con frecuencia y untándolos con el adobo reservado, unos 25-30 minutos, o hasta que estén totalmente hechos. Páselos a una fuente, adórnelos con ramitas de perejil fresco y sírvalos inmediatamente con ensalada.

muslitos de pollo con adobo picante

cocción: 2 h **preparación: 10 min + 20 min de enfriamiento** **para 6 personas**

Este sabroso adobo les da a los muslitos de pollo un intenso color además de un sabor fabuloso, lo que los hace simplemente irresistibles.

INFORMACIÓN NUTRICIONAL

Valor energético	.266 kcal
Proteínas	.31 g
Hidratos de carbono	.13 g
Azúcares	.13 g
Grasas	.10 g
Grasas saturadas	.3 g

INGREDIENTES

12 muslitos de pollo

ADOBO

1 cebolla picada

1 tallo de apio picado

1 diente de ajo picado fino

800 g de tomate triturado de lata

3 cucharadas de azúcar mascabada

1 cucharada de pimentón

¼ de cucharadita de tabasco

1 cucharada de salsa Worcestershire

pimienta

sugerencia

Existen 2 tipos de pimentón: el dulce, de sabor suave, y el picante, mucho más intenso. Sin embargo, ninguno de ellos es tan picante como la cayena.

1 Precaliente la barbacoa. Para hacer el adobo, ponga todos los ingredientes en un cazo de base gruesa y lleve a ebullición a fuego lento. Tápelo y déjelo a fuego suave 1 hora o hasta que la cebolla y el apio estén muy tiernos. Retire el cazo del fuego y déjelo enfriar.

2 Pase el adobo a una batidora y haga un puré. Ponga el puré en un colador fino y presionando suavemente con una cuchara metálica, páselo a un cazo limpio y déjelo hervir a fuego suave. Espere 25 minutos o hasta que se haya reducido y espesado.

3 Unte los muslitos con el adobo y áselos a temperatura media, dándoles la vuelta y untándolos con frecuencia, durante unos 25-30 minutos. Sírvalos. Si desea servir el resto del adobo con los muslitos, asegúrese antes de que vuelve a punto de ebullición.

brochetas jamaicanas

para 4 personas   **preparación: 15 min** ⏱   **cocción: 6-10 min** ⏱
                          + 1 h de maceración

¿Qué podría ser mejor para un caluroso día veraniego que unas brochetas de pollo a la barbacoa sazonadas con fruta tropical y un chorrito de ron? Sírvalas con una fresca ensalada verde.

INGREDIENTES

2 mangos	la ralladura fina y el zumo de 1 lima
4 pechugas de pollo deshuesadas y sin piel, de unos 175 g cada una, cortadas en dados de 2,5 cm	1 cucharada de ron de caña
	1 cucharada de azúcar mascabada
	1 cucharadita de especias mixtas molidas

INFORMACIÓN NUTRICIONAL

Valor energético	270 kcal
Proteínas	39 g
Hidratos de carbono	15 g
Azúcares	15 g
Grasas	6 g
Grasas saturadas	2 g

variación

Sustituya el pollo por unos dados de pechuga de pavo, el ron por vino blanco, y la mezcla de especias por canela.

sugerencia

Asegúrese de que todos los dados son del mismo tamaño, para que tarden lo mismo en asarse. Antes de servir las brochetas, compruebe que estén bien hechas.

1 Corte el mango en dados. Con un cuchillo afilado, corte la pulpa a ambos lados del hueso en 2 rodajas y retire la que pueda quedar en el hueso. Corte la pulpa en forma de rejilla sin atravesar la piel. Vuélvalo del revés y vaya retirando los dados de pulpa. Resérvelos hasta que los necesite. Ponga el pollo en una fuente llana no metálica.

1 Esparza la ralladura y el zumo de lima sobre el pollo y a continuación, el ron, el azúcar y las especias. Reboce bien los dados de pollo, cúbralos con film transparente y déjelos macerar 1 hora en la nevera.

2 Precaliente la barbacoa. Escurra el pollo y reserve el adobo. Ensarte los dados de pollo y de mango alternados en 8 brochetas de madera previamente remojadas.

3 Ase las brochetas a temperatura media, dándoles la vuelta y untándolas frecuentemente con el adobo, durante 6-10 minutos o hasta que estén hechas. Páselas a una fuente grande y sírvalas inmediatamente.

brochetas ácidas

cocción: 6-10 min

**preparación: 10 min
+ 8 h de maceración**

para 4 personas

INFORMACIÓN NUTRICIONAL

Valor energético . . . . .290 kcal

Proteínas . . . . .38 g

Hidratos de carbono . . . . .10 g

Azúcares . . . . .10 g

Grasas . . . . .11 g

Grasas saturadas . . . . . . .3 g

variación

Sustituya la piel de limón por la misma cantidad de piel de lima, y la menta por la misma cantidad de cilantro o perejil.

Estas estupendas brochetas de pollo llevan una maceración ácida a base de piel y zumo de cítricos. Son muy fáciles de preparar y un perfecto plato principal para una festiva barbacoa.

INGREDIENTES

**4 pechugas de pollo deshuesadas y sin
piel, de unos 175 g cada una
la ralladura fina y el zumo de ½ limón
la ralladura fina y el zumo de ½ naranja
2 cucharadas de miel fluida
2 cucharadas de aceite de oliva
2 cucharadas de menta fresca picada**

**¼ de cucharadita de cilantro molido
sal y pimienta**

**PARA ADORNAR
ramitas de menta fresca
tiras de piel de cítricos**

sugerencia

No junte demasiado los dados de pollo en las brochetas, de otro modo no se asarán de manera uniforme y el centro quedará crudo.

1 Con un cuchillo afilado, corte el pollo en dados de 2,5 cm y póngalos en un cuenco de cristal grande. Mezcle la ralladura y el zumo de la naranja y del limón, la miel, el aceite, la menta y el cilantro molido en una salsera. Salpimente al gusto. Vierta el adobo sobre el pollo y remueva para que quede bien recubierto. Cúbralo con film transparente y déjelo macerar hasta 8 horas en la nevera.

2 Precaliente la barbacoa. Escurra el pollo y reserve el adobo. Ensarte los dados en varias brochetas metálicas largas.

3 Ase las brochetas a temperatura media, dándoles la vuelta y untándolas con frecuencia con el adobo, unos 6-10 minutos o hasta que estén hechas. Páselas a una fuente grande, adórnelas con ramitas de menta fresca y unas tiras de piel de cítricos, y sírvalas inmediatamente.

picantones con salvia y limón

para 4 personas   **preparación: 30 min** 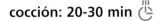   **cocción: 20-30 min**

Los picantones son ideales para la barbacoa, porque son fáciles de preparar y resultan muy atractivos. Puede comprarlos ya preparados o abrirlos usted mismo.

INGREDIENTES

4 picantones de unos 450 g cada uno

1 limón

2 cucharadas de salvia fresca picada

sal y pimienta

PARA ADORNAR

ramitas de hierbas frescas

rodajas de limón

INFORMACIÓN NUTRICIONAL

Valor energético	.....375 kcal
Proteínas	............39 g
Hidratos de carbono	......0 g
Azúcares	............0 g
Grasas	.............24 g
Grasas saturadas	........7 g

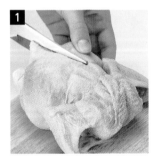

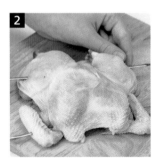

sugerencia

Puede ensartar las brochetas transversalmente. Atraviese el ala con una brocheta haciéndola salir por el muslo, en el lado opuesto. Haga lo mismo por el otro lado.

1 Precaliente la barbacoa. Para preparar los picantones, ponga uno con el lado de la pechuga hacia abajo y con unas buenas tijeras de cocina ábralo por la mitad siguiendo la columna vertebral, desde la cola hasta el cuello. Retire la espina dorsal y ponga el picantón boca arriba. Presione con firmeza sobre el esternón para aplanarlo. Doble las puntas de las alas hacia abajo. Haga lo mismo con los demás.

2 Corte medio limón en rodajitas y ralle fina la piel de la otra mitad. Mezcle la ralladura con la salvia en un bol pequeño. Separe la piel de las pechugas y muslos e inserte la mezcla de limón y salvia. Introduzca las rodajitas de limón y alise bien la superficie de la piel. Atraviese con una brocheta el ala y la parte superior de la pechuga, y hágala salir por la otra ala. Pase una segunda brocheta por el muslo, la parte inferior de la pechuga y el otro muslo. Salpimente al gusto.

3 Ase los picantones a temperatura media, unos 10-15 minutos por cada lado. Sírvalos inmediatamente, adornados con ramitas de hierbas frescas y rodajas de limón.

pollo picante a la caribeña

cocción: 30-35 min　　　**preparación: 15 min**　　　**para 4 personas**
　　　　　　　　　　　　　　　+ 8 h de maceración

Utilizamos una típica mezcla jamaicana de especias y hierbas, que originalmente estaba reservada para la carne de cerdo. Queda igual de deliciosa con pollo y este plato es ahora muy popular.

INFORMACIÓN NUTRICIONAL

Valor energético . . . . .258 kcal

Proteínas . . . . .38 g

Hidratos de carbono . . . . . .4 g

Azúcares . . . . .3 g

Grasas . . . . .10 g

Grasas saturadas . . . . .2 g

INGREDIENTES

2 guindillas rojas frescas

2 cucharadas de aceite de maíz y
un poco más para untar

2 dientes de ajo picados finos

1 cucharada de cebolla picada fina

1 cucharada de cebolleta picada fina

1 cucharada de vinagre de vino blanco

1 cucharada de zumo de lima

2 cucharaditas de azúcar de Demerara

1 cucharadita de tomillo seco

1 cucharadita de canela molida

1 cucharadita de especias mixtas

¼ de cucharadita de nuez moscada

sal y pimienta

4 cuartos de pollo

sugerencia

Como guarnición, hierva
2 plátanos verdes 20 minutos,
pélelos y córtelos en trozos de
5 cm, dóblelos por la mitad y
ensártelos en unas brochetas.
Úntelos con aceite y áselos
6 minutos.

1 Quítele las semillas a las guindillas rojas y píquelas finas. Póngalas en un bol de cristal con el aceite, el ajo, la cebolla, la cebolleta, el vinagre, el zumo de lima, el azúcar, el tomillo, la canela, las especias mixtas y la nuez moscada. Salpimente al gusto y cháfelo todo bien con un tenedor.

2 Con un cuchillo afilado haga una serie de incisiones diagonales en los cuartos de pollo y póngalos en una fuente grande y llana no metálica. Ponga cucharadas de adobo sobre el pollo, procurando que penetre bien en las incisiones. Tápelo y déjelo macerar en la nevera hasta 8 horas.

3 Precaliente la barbacoa. Retire el pollo del adobo y deseche éste, unte la carne con aceite y ásela a temperatura media, dándole la vuelta con frecuencia, unos 30-35 minutos. Pase el pollo a los platos y sírvalo.

pollo a la tailandesa

cocción: 30-35 min

**preparación: 10 min
+ 8 h de maceración**

para 4 personas

En los puestos callejeros de cualquier ciudad tailandesa sirven comidas y tentempiés a cualquier hora del día. El pollo asado picante es siempre el preferido. Sírvalo con ensalada verde.

INGREDIENTES

4 cuartos de pollo u 8 trozos

2 tallos de limoncillo picado grueso

6 dientes de ajo picados

1 manojo de cebolletas
picadas gruesas

1 trozo de 2,5 cm de jengibre fresco
picado grueso

½ manojo de raíces de cilantro
picado grueso

1 cucharada de azúcar de palma

125 ml de leche de coco

2 cucharadas de salsa de pescado
tailandesa *(nam pla)*

2 cucharadas de salsa de soja oscura

gajos de lima, para decorar

variación

Para hacer una salsa, mezcle
4 cucharadas de salsa de pescado con
2 de zumo de limón, 2 dientes de ajo,
1 cucharada de azúcar y 1 de guindilla.

sugerencia

Encontrará azúcar de palma, raíces de cilantro, leche de coco y salsa de pescado tailandesa en tiendas orientales especializadas. Si no lo encuentra de palma, utilice azúcar moreno.

1 Disponga el pollo en una sola capa en una fuente grande y llana no metálica. Ponga en una batidora el limoncillo, el ajo, la cebolleta, el jengibre, las raíces de cilantro, el azúcar, la leche de coco, la salsa de pescado y la de soja y bata hasta obtener un puré fino. Viértalo sobre el pollo, dándole la vuelta a los trozos para que queden bien recubiertos. Cubra la fuente con film transparente y deje macerar el pollo en la nevera hasta 8 horas.

2 Precaliente la barbacoa. Escurra el pollo y reserve el adobo.

3 Áselo a temperatura media, dándole la vuelta y untándolo con frecuencia con el adobo, unos 30-35 minutos, o hasta que esté asado del todo. Sírvalo inmediatamente, adornado con gajos de lima.

pollo picante al curry

cocción: 25-30 min

**preparación: 10 min
+ 8 h de maceración**

para 4 personas

<table>
<tr><td colspan="2">INFORMACIÓN NUTRICIONAL</td></tr>
<tr><td>Valor energético</td><td>243 kcal</td></tr>
<tr><td>Proteínas</td><td>39 g</td></tr>
<tr><td>Hidratos de carbono</td><td>3 g</td></tr>
<tr><td>Azúcares</td><td>3 g</td></tr>
<tr><td>Grasas</td><td>8 g</td></tr>
<tr><td>Grasas saturadas</td><td>2 g</td></tr>
</table>

En esta adaptación de una tradicional receta india para pollos tiernos, utilizamos pollo troceado, pero también podría prepararla con unos picantones (véase pág. 60).

INGREDIENTES

1 cucharada de pasta de curry

1 cucharada de ketchup

1 cucharadita de mezcla india de cinco especias

1 guindilla roja fresca, sin semillas y picada fina

1 cucharadita de salsa Worcestershire

1 cucharadita de azúcar

sal

8 trozos de pollo sin piel

aceite vegetal, para untar

pan *naan*, para servir

PARA ADORNAR

gajos de limón

ramitas de cilantro fresco

variación

También puede servir este plato con *naan* al ajo o con abundante pan recién horneado, e incluso con arroz blanco.

sugerencia

Todas las pastas de curry suelen ser muy picantes, pero algunas lo son más que otras. Utilícelas con prudencia hasta que encuentre la más adecuada para su paladar.

1 Ponga la pasta de curry, el ketchup, la mezcla de cinco especias, la guindilla, la salsa Worcestershire y el azúcar en un bol pequeño y remueva hasta que el azúcar se haya disuelto. Sale al gusto.

2 Disponga los trozos de pollo en una fuente grande y llana no metálica, y vaya poniendo cucharadas de adobo por encima, procurando que queden bien impregnados. Cúbralos con film transparente y déjelos macerar en la nevera hasta 8 horas.

3 Precaliente la barbacoa. Retire el pollo del adobo de especias, deseche el adobo sobrante y úntelo con aceite. Áselo a temperatura media, dándole la vuelta de vez en cuando, durante unos 25-30 minutos. Caliente un poco el pan *naan* en la barbacoa y sírvalo con el pollo, adornado con gajos de limón y ramitas de cilantro.

satay de pollo

para 4 personas | **preparación: 20 min** ⏲ **+ 8 h de maceración** | **cocción: 10 min** ⏲

Delicioso plato para servir en una barbacoa. Se ensuciará un poco las manos cuando ensarte el pollo adobado en las brochetas, pero el resultado merece la pena.

INGREDIENTES

8 cucharadas de mantequilla de cacahuete crujiente

1 cebolla picada gruesa

1 diente de ajo picado grueso

2 cucharadas de coco cremoso

4 cucharadas de aceite de cacahuete

1 cucharadita de salsa de soja clara

2 cucharadas de zumo de lima

2 guindillas rojas frescas, sin semillas y picadas

3 hojas de lima *kafir* desmenuzadas

4 pechugas de pollo deshuesadas y sin piel, de unos 175 g cada una, cortadas en dados de 2,5 cm

INFORMACIÓN NUTRICIONAL

Valor energético . . . . . .656 kcal

Proteínas . . . . .52 g

Hidratos de carbono . . . . . .8 g

Azúcares . . . . .5 g

Grasas . . . . .47 g

Grasas saturadas . . . . .12 g

variación

Sustituya el pollo por 450 g de langostinos crudos y áselos durante 3-4 minutos por cada lado.

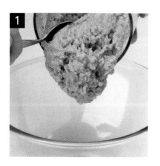

sugerencia

Antes de poner las brochetas de pollo en la barbacoa, unte la parrilla con un poco de aceite vegetal o de girasol, para evitar que la carne se pegue.

1 Ponga la mantequilla de cacahuete, la cebolla, el ajo, el coco, el aceite de cacahuete, la salsa de soja, el zumo de lima, la guindilla y las hojas de lima en una picadora y haga una pasta fina. Pásela a un cuenco grande de cristal.

2 Añada los dados de pollo y remueva para que queden bien recubiertos. Cúbralos con film transparente y déjelos macerar en la nevera hasta 8 horas.

3 Precaliente la barbacoa. Ensarte los dados de pollo en varias brochetas de madera previamente remojadas y reserve el adobo. Ase las brochetas a temperatura media, dándoles la vuelta y untándolas frecuentemente con el adobo, durante unos 10 minutos o hasta que estén hechas. Páselas a una fuente grande y sírvalas de inmediato.

alitas de pollo con especias

cocción: 18-20 min

preparación: 15 min
+ 8 h de maceración

para 4 personas

Rebozadas en un adobo especiado y servidas con una atractiva salsa de pimiento asado, estas deliciosas alitas de pollo son perfectas para una barbacoa de verano.

INGREDIENTES

16 alas de pollo

4 cucharadas de aceite de girasol

4 cucharadas de salsa de soja clara

1 trozo de 5 cm de jengibre fresco picado grueso

2 dientes de ajo picados gruesos

la ralladura y el zumo de 1 limón

2 cucharaditas de canela molida

2 cucharaditas de cúrcuma molida

4 cucharadas de miel fluida

sal y pimienta

SALSA

2 pimientos naranja

2 pimientos amarillos

aceite de girasol, para untar

125 ml de yogur natural

2 cucharadas de salsa de soja oscura

2 cucharadas de cilantro fresco picado

variación

Sustituya los pimientos naranja y amarillos por unos rojos y verdes, o bien opte por usar sólo pimientos rojos.

sugerencia

Si lo prefiere, puede recortar las puntas de las alitas de pollo con unas tijeras de cocina, para que queden más atractivas.

1 Disponga las alitas de pollo en una fuente grande, llana y no metálica. Ponga el aceite, la salsa de soja, el jengibre, el ajo, la ralladura y el zumo de limón, la canela, la cúrcuma y la miel en una picadora y haga un puré fino. Salpimente al gusto. Vierta cucharadas del adobo sobre las alitas y deles la vuelta para que queden bien recubiertas. Cúbralas con film transparente y déjelas macerar en la nevera hasta 8 horas.

2 Precaliente la barbacoa. Para hacer la salsa, unte los pimientos con aceite y áselos sobre el carbón caliente, dándoles la vuelta con frecuencia, 10 minutos o hasta que la piel se haya chamuscado. Retírelos de la barbacoa y déjelos entibiar, a continuación, quíteles la piel y las semillas. Ponga la pulpa en una picadora con el yogur y haga un puré. Páselo a un bol y agregue la salsa de soja y el cilantro picado.

3 Escurra las alitas de pollo y reserve el adobo. Áselas a temperatura media, dándoles la vuelta y untándolas con el adobo reservado, unos 8-10 minutos o hasta que estén hechas. Sírvalas inmediatamente con la salsa.

pollo picante a la italiana

para 4 personas

preparación: 10 min
 + 8 h de maceración

cocción: 6-10 min

Los peperoncini, esas guindillas rojas de la región italiana de los Abruzzi, son tan picantes que las llaman «diablillos». Se dice que llevan tanto fuego como el propio Lucifer.

INGREDIENTES

4 pechugas de pollo deshuesadas y sin piel, de unos 175 g cada una, cortadas en dados de 2,5 cm

125 ml de aceite de oliva

la ralladura fina y el zumo de 1 limón

2 dientes de ajo picados finos

2 cucharaditas de guindillas rojas secas picadas finas

sal y pimienta

ramitas de perejil, para decorar

INFORMACIÓN NUTRICIONAL

Valor energético . . . . .403 kcal

Proteínas . . . . .38 g

Hidratos de carbono . . . . . .1 g

Azúcares . . . . .1 g

Grasas . . . . .28 g

Grasas saturadas . . . . .5 g

variación

También puede preparar estas brochetas con carne de pollo más oscura, como unos muslos deshuesados y sin piel.

1 Disponga los dados de pollo en una fuente grande, llana y no metálica. Ponga el aceite de oliva, la ralladura y el zumo del limón, el ajo y las guindillas en una salsera y mézclelos bien. Salpimente al gusto.

2 Vierta el adobo sobre el pollo y remueva suavemente para que quede bien recubierto. Cúbralo con film transparente y déjelo macerar en la nevera hasta 8 horas.

3 Precaliente la barbacoa. Escurra el pollo y reserve el adobo. Ensarte los dados en varias brochetas de madera previamente remojadas y áselas a temperatura media, dándoles la vuelta y untándolas con el adobo reservado, unos 6-10 minutos, o hasta que estén hechas. Páselas a una fuente grande, adórnelas con ramitas de perejil y sírvalas inmediatamente.

pollo tostado

cocción: 6 min　　　**preparación: 10 min**　　　**para 4 personas**

Los alimentos sazonados y muy tostados en la parrilla son casi sinónimos de la cocina cajun, pero en realidad no son tradicionales, sino de reciente creación.

INFORMACIÓN NUTRICIONAL

Valor energético . . . . .229 kcal

Proteínas . . . . .39 g

Hidratos de carbono . . . . . .2 g

Azúcares . . . . .2 g

Grasas . . . . .7 g

Grasas saturadas . . . . . . .2 g

INGREDIENTES

4 pechugas de pollo enteras,

deshuesadas y sin piel,

de unos 175 g cada una

2 cucharadas de yogur natural

1 cucharada de zumo de limón

1 diente de ajo picado muy fino

1 cucharadita de pimentón

1 cucharadita de comino molido

1 cucharadita de mostaza en polvo

½ cucharadita de tomillo seco

½ cucharadita de orégano seco

½ cucharadita de cayena molida

aceite de girasol, para untar

aros de cebolla finos, para decorar

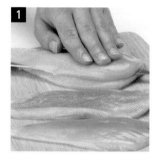

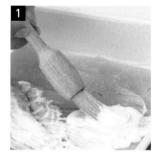

sugerencia

Si lo desea, puede sustituir el pollo por rodajas de atún, pero no las corte por la mitad. Áselas a temperatura media 4 minutos por cada lado, y sírvalas inmediatamente.

1 Precaliente la barbacoa. Con un cuchillo afilado corte las pechugas por la mitad a lo largo, y aplánelas un poco con la mano. Ponga los filetes en una fuente grande, llana y no metálica. En un cuenco pequeño mezcle el yogur con el zumo de limón, y unte el pollo con él.

2 Mezcle el ajo con el pimentón, el comino, la mostaza en polvo, el tomillo, el orégano y la cayena en un bol aparte y espolvoree el pollo uniformemente con la mezcla

3 Unte los filetes de pechuga con aceite y áselos a temperatura media,

3 minutos por cada lado, o hasta que empiecen a ennegrecerse y la carne esté bien hecha. Páselos a una fuente grande y adórnelos con finos aros de cebolla. Sírvalos inmediatamente.

pollo tikka

cocción: 15 min

preparación: 15 min + 8 h de maceración

para 4 personas

Este vistoso plato tiene un aspecto muy apetitoso y el aroma que desprende mientras se asa es tan maravilloso como su sabor.

INFORMACIÓN NUTRICIONAL

Valor energético . . . . .228 kcal

Proteínas . . . . .33 g

Hidratos de carbono . . . . . .9 g

Azúcares . . . . .9 g

Grasas . . . . .7 g

Grasas saturadas . . . . . . .2 g

variación

Adorne el plato con un toque de color usando cebollas rojas en lugar de las normales.

INGREDIENTES

500 g de pollo deshuesado y sin piel, cortado en dados de 5 cm

1 diente de ajo picado fino

1 trozo de 1 cm de jengibre fresco picado fino

150 ml de yogur natural

4 cucharadas de zumo de limón

1 cucharadita de guindilla molida

¼ de cucharadita de cúrcuma molida

1 cucharada de cilantro fresco picado

aceite vegetal, para untar

pan *naan*, para servir

RAITA

½ pepino

1 guindilla verde fresca, sin semillas y picada fina

300 ml de yogur natural

¼ de cucharadita de comino molido

sal

PARA ADORNAR

aros de cebolla finos

ramitas de cilantro fresco

gajos de limón

sugerencia

Las guindillas frescas pueden irritar la piel, incluso varias horas después de picarlas, así que recomendamos el uso de guantes o bien lavarse las manos a fondo después de haberlas tocado.

1 Ponga el pollo en un cuenco de cristal grande. Incorpore el ajo, el jengibre, el yogur, el zumo de limón, la guindilla en polvo, la cúrcuma y el cilantro y remueva. Cúbralo con film transparente y déjelo macerar en la nevera hasta 8 horas.

2 Precaliente la barbacoa. Para hacer la *raita*, corte el pepino en rodajas gruesas y después píquelo fino. Póngalo en un bol con la guindilla, añada el yogur y bata con un tenedor. Agregue el comino y la sal. Cúbralo y guárdelo en la nevera hasta que lo necesite.

3 Ensarte el pollo en brochetas de madera remojadas y úntelo con aceite. Áselo a temperatura media, dándole la vuelta y untándolo a menudo con aceite, unos 15 minutos o hasta que esté hecho. Caliente brevemente el pan *naan* en la barbacoa. Retire el pollo de las brochetas y páselo a platos individuales. Adórnelo con aros de cebolla, ramitas de cilantro y gajos de limón, y sírvalo con el *naan* y la *raita*.

pollo picante con pan de pita

para 4 personas   **preparación: 30 min** ⏱ **+ 2 h de maceración**   **cocción: 35 min** ⏱

Para mayor comodidad, asamos el pollo en unas brochetas y después lo mezclamos con ensalada para rellenar las pitas.

INGREDIENTES

500 g de pechuga de pollo deshuesada y sin piel, cortada en dados de 2,5 cm

3 cucharadas de yogur natural

1 cucharadita de guindilla molida

3 cucharadas de zumo de lima

1 cucharada de cilantro fresco picado

1 guindilla verde fresca, sin semillas y picada fina

1 cucharada de aceite de girasol

sal

4 panes de pita

¼ de lechuga iceberg en tiras finas

2 tomates en rodajitas

8 cebolletas picadas

1 cucharada de zumo de limón

8 chiles jalapeños envasados escurridos

SALSA

2 cucharadas de aceite de girasol

1 cebolla picada

2 dientes de ajo majados

4 tomates grandes pelados, sin semillas y picados

2 guindillas rojas frescas, sin semillas y picadas

una pizca de comino molido

sal y pimienta

variación

Si prefiere un plato menos picante, omita los chiles jalapeños y añada a la salsa 1 guindilla roja fresca, sin semillas y picada.

sugerencia

Ensarte los dados de pollo en las brochetas espaciadamente, para que la carne se ase de manera uniforme.

1 Coloque el pollo en un cuenco grande. En una salsera ponga el yogur con la guindilla en polvo, el zumo de lima, el cilantro fresco, la guindilla verde y el aceite de girasol y sale al gusto. Vierta la mezcla sobre el pollo y remuévalo para recubrirlo bien. Cúbralo con film transparente y déjelo macerar en la nevera 2 horas.

2 Precaliente la barbacoa. Para hacer la salsa, caliente el aceite en un cazo y fría el ajo y la cebolla a fuego lento, removiendo de vez en cuando, 10 minutos o hasta que estén dorados. Incorpore el tomate, la guindilla y el comino, y salpimente al gusto. Deje la salsa a fuego lento 15 minutos, o hasta que se haya reducido y espesado

3 Deje el cazo con la salsa al lado de la barbacoa para mantenerla caliente. Escurra el pollo, y reserve el adobo. Ensarte los trozos en unas brochetas de madera previamente remojadas. Áselas luego a temperatura media, dándoles la vuelta y untándolas con el adobo reservado, durante 6-10 minutos o hasta que

estén hechas. Mientras tanto, abra las pitas con un cuchillo y tuéstelas un poco en la barbacoa. Retire el pollo de las brochetas y rellene las pitas con lechuga, rodajas de cebolleta y pollo. Rocíe con zumo de limón y remate con los jalapeños. Sírvalas de inmediato con la salsa de guindilla.

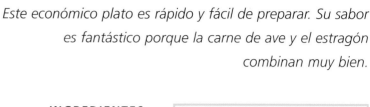
pavo al estragón

para 4 personas   **preparación: 10 min** ◔   **cocción: 10-16 min** ◔

Este económico plato es rápido y fácil de preparar. Su sabor es fantástico porque la carne de ave y el estragón combinan muy bien.

INGREDIENTES

4 pechugas de pavo de unos 175 g cada una

sal y pimienta

4 cucharaditas de mostaza de grano entero

8 ramitas de estragón fresco y un poco más para decorar

4 lonchas de beicon ahumado

hojas de lechuga, para servir

INFORMACIÓN NUTRICIONAL

Valor energético	.296 kcal
Proteínas	.48 g
Hidratos de carbono	.0 g
Azúcares	.1 g
Grasas	.11 g
Grasas saturadas	.4 g

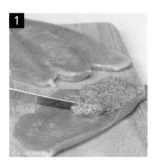

sugerencia

Asegúrese de comprar auténtico estragón francés, porque el ruso es más basto y puede tener un sabor desagradable. No vale la pena utilizarlo seco, porque es bastante insípido.

1 Precaliente la barbacoa. Salpimente el pavo a su gusto. Con un cuchillo de punta redonda extienda la mostaza equitativamente sobre la carne.

2 Coloque 2 ramitas de estragón sobre cada pechuga de pavo y envuélvala con una loncha de beicon, cubriendo las hierbas. Sujételas con un palillo.

3 Ase el pavo a temperatura media 5-8 minutos por cada lado. Páselo a los platos y adórnelo con ramitas de estragón. Sírvalo con hojas de lechuga.

rollitos de pavo

cocción: 30 min   **preparación: 20 min**   **para 4 personas**

Estos rollitos con hierbas esconden un exquisito relleno de queso fundido. Los servimos con salsa de grosellas, pero también quedarían deliciosos con salsa de mostaza suave (véase pág. 13).

INFORMACIÓN NUTRICIONAL

Valor energético . . . . .430 kcal

Proteínas . . . . .54 g

Hidratos de carbono . . . . . .6 g

Azúcares . . . . .6 g

Grasas . . . . .21 g

Grasas saturadas . . . . . . .9 g

INGREDIENTES

2 cucharadas de aceite de girasol

sal y pimienta

4 cucharadas de mejorana fresca picada

4 filetes de pechuga de pavo

4 cucharaditas de mostaza suave

175 g de queso emmental rallado

1 puerro cortado en rodajitas finas

SALSA

115 g de grosellas

2 cucharadas de menta fresca picada

2 cucharaditas de miel fluida

1 cucharadita de vinagre de vino tinto

sugerencia

Puede utilizar grosellas frescas o congeladas para la salsa. Para quitarle el rabillo a las grosellas frescas, simplemente pase las púas de un tenedor a lo largo del tallo, encima de un cuenco.

1 Precaliente la barbacoa. Para hacer la salsa de grosellas, coloque todos los ingredientes en un bol y cháfelos con un tenedor. Salpimente al gusto. Cúbralo con film transparente y déjelo enfriar en la nevera hasta que lo necesite.

2 Vierta el aceite en un bol pequeño, añada la pimienta y 2 cucharaditas de mejorana. Coloque los filetes de pechuga entre 2 hojas de film transparente y aplánelas con un rodillo de cocina. Salpimente y extienda la mostaza por encima. Reparta el queso, el puerro y el resto de las hojas de mejorana de forma equitativa. Enrolle y ate bien las pechugas con cordel de cocina.

3 Unte los rollitos de pavo con el aceite sazonado y áselos a temperatura media, dándoles la vuelta y untándolos con frecuencia con el resto del aceite, unos 30 minutos. Sírvalos inmediatamente con la salsa de grosellas.

pavo con tapenade de tomate

⏲ **cocción: 10-15 minutos**

🕐 **preparación: 10 min + 1 h de maceración**

para 4 personas

Los tomates secados al sol tienen un sabor maravilloso, intenso y afrutado, que complementa a la perfección con el pavo macerado; hacen que este plato resulte ideal para un caluroso día de verano.

INGREDIENTES

4 filetes de pavo

ADOBO

150 ml de vino blanco
1 cucharada de vinagre de vino blanco
1 cucharada de aceite de oliva
1 diente de ajo majado
1 cucharada de perejil fresco picado
pimienta

TAPENADE

225 g de tomates secados al sol conservados en aceite y escurridos
4 filetes de anchoa enlatada escurridos
1 diente de ajo majado
1 cucharada de zumo de limón
3 cucharadas de perejil fresco picado

variación

Este plato también quedaría bien con pechugas de pollo deshuesadas y sin piel. Asegúrese de que estén bien hechas antes de servirlas.

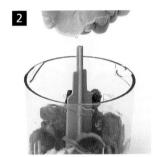

sugerencia

Macere siempre la carne en un bol no metálico, ya que el adobo suele llevar ingredientes acidulantes, como vinagre o vino, que podrían provocar una reacción con el metal y alterar el sabor de la carne.

1 Ponga los filetes de pavo en una fuente llana y no metálica. Mezcle todos los ingredientes del adobo en una salsera y bata bien para que quede homogéneo. Vierta el adobo sobre los filetes, dándoles la vuelta para recubrirlos bien. Cúbralos con film transparente y déjelos macerar en la nevera como mínimo 1 hora.

2 Precaliente la barbacoa. Para hacer la *tapenade*, bata todos los ingredientes en un robot de cocina hasta obtener una pasta suave. Pásela a un bol, cúbrala con film transparente y déjela enfriar en la nevera hasta que la necesite.

3 Escurra los filetes de pavo y reserve el adobo.

Áselos a temperatura media 10-15 minutos, dándoles la vuelta y untándolos con frecuencia con el adobo reservado. Páselos a 4 platos grandes con la tapenade de tomates secados al sol. Sírvalos inmediatamente.

pavo con pesto de cilantro

para 4 personas   **preparación: 15 min**
                          + 2 h de maceración   **cocción: 10 min**

*Rebosantes de sabores mediterráneos, estas brochetas de pavo
quedarían fabulosas con una ensalada de judías.*

INGREDIENTES

450 g de pavo deshuesado y sin piel,
cortado en dados de 5 cm

2 calabacines en rodajas gruesas

1 pimiento rojo y otro amarillo sin
semillas y en cuadrados de 5 cm

8 tomates cereza

8 cebollitas

ADOBO

6 cucharadas de aceite de oliva

3 cucharadas de vino blanco seco

2 cucharadas de cilantro fresco picado

1 cucharadita de pimienta verde
en grano machacada

sal

PESTO DE CILANTRO

55 g de hojas de cilantro fresco

15 g de hojas de perejil fresco

1 diente de ajo

55 g de piñones

25 g de parmesano recién rallado

6 cucharadas de aceite de oliva virgen extra

el zumo de 1 limón

variación

Sustituya el beicon por jamón
curado. Para hacer un pesto
tradicional, utilice albahaca
en lugar de cilantro.

sugerencia

Si la variedad de pimienta
verde que ha comprado
contiene vinagre, lávela
y escúrrala bien antes de
usarla.

1 Ponga el pavo en
un cuenco de cristal
grande. Para hacer el adobo,
mezcle el aceite de oliva con
el vino, la pimienta y el cilantro
en una salsera y añada la sal
al gusto. Vierta el adobo sobre
el pavo y dele la vuelta para
recubrirlo bien. Cúbralo con
film transparente y déjelo
macerar en la nevera hasta
2 horas.

2 Precaliente la barbacoa.
Para hacer el pesto,
ponga el cilantro y el perejil en
una picadora y tritúrelos finos.
Añada el ajo y los piñones y
píquelos. Incorpore el aceite,
el parmesano y el zumo de
limón y bata brevemente para
mezclarlos. Pase el pesto a
un cuenco, cúbralo y déjelo
enfriar en la nevera hasta que
lo necesite.

3 Escurra el pavo y
reserve el adobo.
Ensarte el pavo, las rodajas
de calabacín, los trozos de
pimiento, el tomate y la
cebolla, alternados en
brochetas metálicas. Áselas a
temperatura media, dándoles
la vuelta y untándolas con
frecuencia con el adobo,
unos 10 minutos. Sírvalas
de inmediato con el pesto.

pato relleno de fruta

cocción: 12-16 min   **preparación: 10 min**   **para 4 personas**

Los orejones y la cebolla hacen más ligera la carne de pato. Como tiene tanta grasa, casi no hace falta untarla, porque siempre queda jugosa. El plato queda muy elegante adornado con cebolleta.

INGREDIENTES

4 pechugas de pato

115 g de orejones de albaricoque

2 chalotes cortados en rodajitas

2 cucharadas de miel fluida

1 cucharadita de aceite de sésamo

2 cucharaditas de mezcla china de cinco especias

4 cebolletas, para decorar

variación

Sustituya el pato por 4 chuletas de cerdo, y áselas a temperatura media 8-9 minutos por cada lado o hasta que estén hechas.

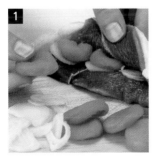
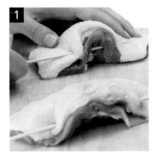

sugerencia

Encontrará la mezcla china de cinco especias en tiendas orientales. Lleva pimienta de Sichuan, canela, clavo, semillas de hinojo y anís estrellado. Es diferente a la mezcla india de cinco especias.

1 Precaliente la barbacoa. Con un cuchillo afilado haga una incisión alargada en un costado de la pechuga, para formar una cavidad. Rellene las pechugas con los orejones y el chalote, y asegúrelas con unas brochetas.

2 Mezcle la miel con el aceite de sésamo en un bol pequeño y unte toda la superficie del pavo. Espolvoree con la mezcla china de cinco especias. Para adornar, haga unas incisiones a lo largo del tallo de cada cebolleta. Sumérjalas en un cuenco con agua helada y espere hasta que se abran. Escúrralas bien antes de usarlas.

3 Ase el pato a temperatura media durante unos 6-8 minutos por cada lado. Retire las brochetas, pase la carne a una fuente y adórnela con la cebolleta. Sírvala de inmediato.

picantones a la mostaza

para 4 personas   **preparación: 20 min**   **cocción: 25-30 min**
+ 8 h de maceración

Los picantones llevan una gruesa capa de pasta de mostaza,
que no sólo les da un sabor irresistible, sino también
un bonito color dorado anaranjado.

INGREDIENTES

4 picantones, de unos 450 g cada uno

1 cucharada de pimentón dulce

1 cucharada de mostaza en polvo

1 cucharada de comino molido

una pizca de cayena molida

1 cucharada de ketchup

1 cucharada de zumo de limón

sal

5 cucharadas de mantequilla derretida

ramitas de cilantro fresco, para decorar

INFORMACIÓN NUTRICIONAL

Valor energético . . . . .583 kcal

Proteínas . . . . .40 g

Hidratos de carbono . . . . . .3 g

Azúcares . . . . .2 g

Grasas . . . . .41 g

Grasas saturadas . . . . .17 g

variación

Utilice codornices en lugar de picantones. Son más pequeñas, pesan entre 115-140 g cada una (necesitará 8). Áselas durante 15-20 minutos.

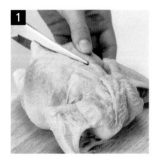

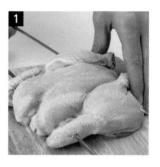

sugerencia

Vigile los picantones mientras se asan, y si ve que se resecan, úntelos con un poco de aceite de girasol.

1 Para preparar un picantón, colóquelo con el lado de la pechuga hacia abajo y con unas buenas tijeras de cocina corte la piel y la caja torácica a ambos lados de la columna vertebral, de la cola al cuello. Quítele la espina dorsal, póngalo boca abajo y presione con firmeza el esternón para aplanarlo. Doble las puntas de las alas por debajo. Atraviese con una brocheta un ala y la parte superior de la pechuga, y hágala salir por la otra ala. Atraviese con una segunda brocheta el muslo y la parte inferior de la pechuga, y hágala salir por el otro muslo. Haga lo mismo con los demás.

2 Mezcle el pimentón, la mostaza en polvo, el comino, la cayena, el ketchup y el zumo de limón en un bol pequeño, y sale al gusto. Incorpore gradualmente la mantequilla y haga una pasta suave. Extienda la pasta sobre los picantones, cúbralos y déjelos macerar en la nevera hasta 8 horas.

3 Precaliente la barbacoa. Ase los picantones a temperatura media, dándoles la vuelta con frecuencia, unos 25-30 minutos, untándolos con un poco de aceite si fuera necesario. Páselos luego a una fuente, adórnelos con ramitas de cilantro fresco y sírvalos.

higadillos de pollo con salsa agridulce

cocción: 10 min **preparación: 15 min** **para 4 personas**

INFORMACIÓN NUTRICIONAL

Valor energético . . . . .315 kcal

Proteínas . . . . .24 g

Hidratos de carbono . . . . .28 g

Azúcares . . . . .27 g

Grasas . . . . .13 g

Grasas saturadas . . . . . . .4 g

variación

En lugar de champiñones puede utilizar pequeñas tiras de pimiento rojo o naranja y unos bastoncitos de calabacín.

Tanto el hígado con beicon como las ciruelas pasa con beicon combinan muy bien. Completamos esta exquisitez con tomates cereza y champiñones, y la servimos con salsa agridulce.

INGREDIENTES

350 g de higadillos de pollo

115 g de lonchas de beicon magro sin corteza

8 ciruelas pasa

8 tomates cereza

8 champiñones

aceite de girasol, para untar

SALSA AGRIDULCE

5 cucharadas de encurtido dulce

3 cucharadas de ketchup

3 cucharadas de concentrado de carne

4½ cucharaditas de vinagre de sidra

4½ cucharaditas de salsa Worcestershire

sugerencia

Los encurtidos son hortalizas conservadas en vinagre. Algunos contienen azúcar y frutas y son agridulces. Solamente los encontrará en establecimientos especializados.

1 Precaliente la barbacoa. Para hacer la salsa, mezcle todos los ingredientes en un cuenco. Cúbralo con film transparente y resérvelo hasta que lo necesite.

2 Lave los higadillos de pollo en agua fría y séquelos con papel de cocina. Corte las lonchas de beicon por la mitad. Envuelva cada higadillo con un trozo de beicon y sujételo con un palillo. Envuelva la base de cada tomate con una ciruela pasa. Ensarte los higadillos, los tomates con las ciruelas y los champiñones en unas brochetas de madera, previamente remojadas, y unte con aceite.

3 Áselas a temperatura media durante unos 5 minutos por cada lado. Retire las brochetas, pase a una fuente grande y sirva inmediatamente con la salsa.

carnes rojas

Quienes no conciben una barbacoa sin carne estarán encantados con este capítulo. Encontrarán bistecs, chuletas, costillas, brochetas, salchichas y hamburguesas, desde las aromáticas Costillas de cordero al romero (véase pág. 102) a las salchichas y el beicon de los Rollitos de salchichas (véase pág. 121). Platos clásicos como el Satay de buey (véase pág. 97), el Shashlik (véase pág. 110) y las Costillas chinas (véase pág. 115), y otros más inusuales como las Chuletas de cordero adobadas (véase pág. 112) o las Albóndigas en pinchitos (véase pág. 118). Las personas con buen apetito disfrutarán con la Parrillada variada (véase pág. 122), y a aquellos a quienes les guste saborear una buena hamburguesa casera les encantarán Las mejores hamburguesas (véase pág. 90).

Los adobos son un elemento muy importante en la preparación de carne para la barbacoa, ya que le dan una textura muy tierna. Lo mejor es adobar la carne la noche anterior y dejarla macerar en la nevera, para que quede bien impregnada de sabor. Las recetas van de especiadas y picantes a suaves y refrescantes, y de copiosas y suculentas a sofisticadas y sutiles.

Igual que para las carnes blancas, puede intercambiar las salsas o utilizar algunas de las indicadas en la introducción. Pruebe a servir unos Bistecs al tabasco (véase pág. 92) con guacamole (véase pág. 13) en lugar de mantequilla con berros, o una Salsa de tomate (véase pág. 94) con Filetes de cordero especiados (véase pág. 104). Experimente y disfrute.

las mejores hamburguesas

cocción: 6-8 min　　　　**preparación: 10 min**　　　　**para 6 personas**

INFORMACIÓN NUTRICIONAL	
Valor energético . . . . .659 kcal	
Proteínas . . . . .44 g	
Hidratos de carbono . . . . .66 g	
Azúcares . . . . .8 g	
Grasas . . . . .26 g	
Grasas saturadas . . . . . . .5 g	

Las barbacoas y las hamburguesas son casi inseparables. No obstante, estas suculentas hamburguesas caseras no tienen nada que ver con las que se venden ya preparadas.

INGREDIENTES

900 g de bistec magro de buey o ternera picado
2 cebollas picadas finas
25 g de pan rallado
1 huevo ligeramente batido
1½ cucharaditas de tomillo fresco picado fino
sal y pimienta

PARA SERVIR

6 panecillos con sésamo
2 tomates
1 cebolla
hojas de lechuga
mayonesa (*véase* pág. 13)
mostaza
ketchup

variación

Para hacer unas hamburguesas *tex-mex*, añada 2 guindillas verdes y picadas a la mezcla del paso 1, y sírvalas con guacamole (*véase* pág.13).

sugerencia

Las hamburguesas caseras tienen una textura menos compacta que las que venden preparadas, así que utilice una espátula para sacarlas de la barbacoa en cuanto estén hechas.

1 Precaliente la barbacoa. Ponga la carne, las cebollas, el pan rallado, el huevo y el tomillo en un bol de cristal grande y salpimente al gusto. Mezcle bien con las manos.

2 Haga 6 hamburguesas con las manos. Para que sea más fácil, utilice un cuchillo de punta redonda.

3 Ase las hamburguesas a temperatura alta 3-4 minutos por cada lado. Mientra tanto, corte los panecillos por la mitad y tuéstelos un poco en la barbacoa, con el lado cortado hacia abajo. Con un cuchillo afilado corte la cebolla en aros finos y los tomates en rodajas. Rellene los panecillos tostados con las hamburguesas, la lechuga, las rodajas de tomate y los aros de cebolla, y sírvalas con la mayonesa, la mostaza y el ketchup.

filetes al tabasco con mantequilla de berros

para 4 personas   **preparación: 10 min**   **cocción: 5-12 min**

Este plato sencillo pero al mismo tiempo refinado y original sería ideal para una barbacoa con invitados.

INGREDIENTES

1 manojo de berros

85 g de mantequilla sin sal ablandada

4 filetes de solomillo de unos 225 g cada uno

4 cucharaditas de salsa tabasco

sal y pimienta

INFORMACIÓN NUTRICIONAL

Valor energético . . . . .462 kcal

Proteínas . . . . .53 g

Hidratos de carbono . . . . . .0 g

Azúcares . . . . .0 g

Grasas . . . . .28 g

Grasas saturadas . . . . . . .16 g

variación

Si lo desea, puede sustituir los berros por la misma cantidad de perejil, o bien servir la carne con un *pesto* de cilantro (*véase* pág. 80).

1 Precaliente la barbacoa. Con un cuchillo afilado, pique 4 cucharadas de berros. Reserve unas cuantas hojas para decorar. Ponga la mantequilla en un bol pequeño y bátala con el berro picado fino con un tenedor, hasta que quede homogénea. Cúbrala con film transparente y déjela enfriar en la nevera hasta que la necesite.

2 Rocíe cada filete con 1 cucharadita de tabasco y salpiméntelos.

3 Ase los filetes a temperatura alta 2 ½ minutos por cada lado si le gustan poco hechos, 4 minutos si los prefiere al punto o 6 minutos si los quiere muy hechos. Páselos a platos individuales, adórnelos con las hojas de berro reservadas y sírvalos con la mantequilla de berros por encima.

bistecs en papillote

cocción: 10 min **preparación: 10 min + 8 h de maceración** **para 4 personas**

El adobo de vino tinto es ideal para las carnes rojas, ya que les da un delicioso sabor y las deja tan tiernas que se deshacen en la boca.

INFORMACIÓN NUTRICIONAL

Valor energético . . . . .466 kcal

Proteínas . . . . .54 g

Hidratos de carbono . . . . . .3 g

Azúcares . . . . .2 g

Grasas . . . . .21 g

Grasas saturadas . . . . . . .9 g

INGREDIENTES

4 trozos de carne de buey de solomillo o cuarto trasero

300 ml de vino tinto seco

2 cucharadas de aceite de oliva

sal y pimienta

25 g de mantequilla

2 cucharaditas de mostaza de Dijon

4 chalotes picados finos

4 ramitas de tomillo fresco

4 hojas de laurel

variación

Si lo prefiere, sustituya la mostaza por la misma cantidad de crema de rábano picante, y utilice ramitas de mejorana en lugar del tomillo.

1 Mezcle el vino con el aceite en una salsera y salpimente al gusto. Rocíe los bistecs con la mezcla en una fuente no metálica. Cúbralos con film transparente y déjelos macerar en la nevera hasta 8 horas.

2 Precaliente la barbacoa. Recorte 4 cuadrados de papel de aluminio lo suficientemente grandes como para envolver los bistecs, y recubra con la mantequilla y la mostaza la parte central donde vaya a colocarlos. Escurra bien la carne y colóquela sobre los cuadrados de papel de aluminio, con el chalote, el tomillo y las hojas de laurel por encima. Doble el papel y envuélvalos con cuidado.

3 Ase la carne 10 minutos a temperatura alta dándole la vuelta una vez. Sírvala envuelta en el mismo papel de aluminio.

bistecs a la mostaza con salsa de tomate

para 4 personas   **preparación: 10 min**   **cocción: 50-60 min**
+ 1 h de enfriamiento/reposo

La mostaza al estragón le da a la carne un sutil sabor especiado que contrasta con el agridulce de la salsa de tomate. Sírvala con ensalada y patatas como plato principal.

INGREDIENTES

4 trozos de carne de buey de solomillo
o cuarto trasero
1 cucharada de mostaza al estragón
2 dientes de ajo machacados
ramitas de estragón para decorar

SALSA DE TOMATE
225 g de tomates cereza
55 g de azúcar mascabada
50 ml de vinagre de vino blanco
1 trozo de jengibre picado
½ lima cortada en rodajitas
sal

INFORMACIÓN NUTRICIONAL

Valor energético	380 kcal
Proteínas	54 g
Hidratos de carbono	18 g
Azúcares	17 g
Grasas	11 g
Grasas saturadas	5 g

variación

Pruebe con diferentes mostazas: actualmente se venden con sabor a guindilla, miel, whisky y champán.

sugerencia

Use unas pinzas largas para darles la vuelta a los bistecs. Procure no hacerlo con un tenedor, ya que pinchará la carne y ésta perderá parte de su delicioso jugo.

1 Para hacer la salsa de tomate ponga todos los ingredientes en un cazo de base gruesa y añada sal al gusto. Lleve a ebullición, removiendo hasta que el azúcar se haya disuelto. Baje la temperatura y deje a fuego lento, removiendo de vez en cuando, 40 minutos o hasta que haya espesado. Pase a un cuenco, cubra con film transparente y deje enfriar.

2 Precaliente la barbacoa. Con un cuchillo bien afilado, corte cada bistec horizontalmente para hacer un bolsillo. Unte el interior con mostaza, y frote la superficie de los bistecs con el ajo. Colóquelos en una fuente, cúbralos con film transparente y déjelos reposar 30 minutos.

3 Ase los bistecs a temperatura alta 2 ½ minutos por cada lado si los quiere poco hechos, 4 minutos si le gustan al punto o 6 minutos si los prefiere muy hechos. Páselos a platos individuales, adórnelos con las ramitas de estragón fresco y sírvalos con la salsa de tomate.

hamburguesas con queso

para 4 personas　　　　**preparación: 15 min** 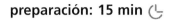　　　　**cocción: 10 min**

Ésta es una versión sofisticada de la tradicional hamburguesa, con un sorprendente relleno de queso azul derretido. Sírvala con abundante ensalada y será un almuerzo completo.

INGREDIENTES

55 g de queso stilton

450 g de carne magra de buey picada

1 cebolla picada fina

1 tallo de apio picado fino

1 cucharadita de crema de rábano picante

1 cucharada de tomillo fresco picado

sal y pimienta

PARA SERVIR

4 panecillos con sésamo

hojas de lechuga

rodajas de tomate

INFORMACIÓN NUTRICIONAL

Valor energético . . . . .360 kcal

Proteínas . . . . .32 g

Hidratos de carbono . . . . .32 g

Azúcares . . . . .4 g

Grasas . . . . .13 g

Grasas saturadas . . . . .5 g

variación

Sustituya el queso stilton por wensleydale o lancashire, y el tomillo por cebollino picado.

1 Precaliente la barbacoa. Desmenuce el queso en un bol y resérvelo hasta que lo necesite. Ponga la carne, la cebolla, el apio, el rábano picante y el tomillo en un cuenco aparte y salpimente. Mézclelo todo con las manos.

2 Haga 8 hamburguesas con las manos y la ayuda de un cuchillo de punta redonda. Reparta el queso entre 4 hamburguesas y ponga las otras 4 encima. Presiónelas con suavidad

3 Ase las hamburguesas a temperatura alta 5 minutos por cada lado. Mientras tanto, corte los panecillos por la mitad y tuéstelos brevemente en la barbacoa, con el lado cortado hacia abajo. Rellénelos con las hamburguesas, la lechuga y las rodajas de tomate y sírvalos inmediatamente.

satay de buey

cocción: 5-8 min

**preparación: 10 min
+ 2 h de maceración**

para 6 personas

Muchos occidentales creen que un satay *debe llevar salsa de
cacahuete, pero no siempre es así. Es simplemente una brocheta
que ha sido macerada en cualquier tipo de adobo.*

INFORMACIÓN NUTRICIONAL

Valor energético . . . . .258 kcal

Proteínas . . . . .37 g

Hidratos de carbono . . . . . .4 g

Azúcares . . . . .3 g

Grasas . . . . .11 g

Grasas saturadas . . . . . . .4 g

INGREDIENTES

1 kg de cuarto trasero de buey

1 cucharada de miel fluida

2 cucharadas de salsa de soja oscura

2 cucharadas de aceite de cacahuete

1 diente de ajo picado fino

1 cucharadita de cilantro molido

1 cucharadita de semillas de alcaravea

una pizca de guindilla molida

gajos de lima, para decorar

sugerencia

En lugar de cortar la carne
en dados, hágalo en tiras
alargadas y ensártelas en
las brochetas.

1 Con un cuchillo afilado
corte la carne en dados
de unos 2,5 cm y colóquelos
en una fuente grande, llana y
no metálica. Mezcle la miel
con la salsa de soja, el aceite
de cacahuete, el ajo, el
cilantro, las semillas de
alcaravea y la guindilla molida
en una salsera pequeña.
Vierta el adobo sobre la carne
y remuévala para que quede

bien recubierta. Cúbrala con
film transparente y déjela
macerar en la nevera 2 horas,
dándole la vuelta de vez en
cuando.

2 Precaliente la barbacoa.
Escurra bien la carne
y reserve el adobo. Ensarte
los dados de carne en unas
brochetas de madera
previamente remojadas.

3 Ase las brochetas
a temperatura alta,
dándoles la vuelta y untándolas
con frecuencia con el adobo
reservado, unos 5-8 minutos.
Páselas a una fuente, adórnelas
con gajos de lima y sírvalas.

brochetas de buey, cordero y beicon

para 4 personas   **preparación: 15 min** ⟳   **cocción: 15-20 min** ⟳

Un verdadero festín para los amantes de las carnes rojas: unas suculentas brochetas, fáciles de preparar, servidas con una sabrosa salsa de tomate.

INGREDIENTES

400 g de cuarto trasero de buey
cortado en dados de 2,5 cm

400 g de pierna de cordero deshuesada
cortada en dados de 2,5 cm

8 lonchas de beicon sin corteza y
cortadas en tiras finas

8 chalotes partidos por la mitad

8 tomates partidos por la mitad

12 guindillas en conserva escurridas

4 cucharadas de aceite de girasol

4 dientes de ajo picados finos

2 cucharaditas de pimentón

¼ de cucharadita de cayena

SALSA DE TOMATE

225 g de tomates pelados y picados

1 cebolla picada fina

1 pimiento verde sin semillas y
picado fino

3 cucharadas de perejil fresco
picado fino

3 cucharadas de ketchup

una pizca de azúcar

una pizca de guindilla molida

sal y pimienta

INFORMACIÓN NUTRICIONAL

Valor energético . . . . . .675 kcal

Proteínas . . . . .59 g

Hidratos de carbono . . . . .18 g

Azúcares . . . . .15 g

Grasas . . . . .42 g

Grasas saturadas . . . . .14 g

variación

Podría utilizar otras hortalizas, como gajos de cebolla y pequeñas tiras de pimiento rojo o amarillo.

sugerencia

Asegúrese de que las brochetas sean bastante largas y procure ponerlas espaciadas en la parrilla, de lo contrario no quedarán bien asadas. Si tiene problemas de espacio, áselas en tandas.

1 Precaliente la barbacoa. Para hacer la salsa de tomate, pase los tomates por un colador fino sobre un bol y después añada la cebolla, el pimiento verde, el perejil, el ketchup y el azúcar, y sazone al gusto con guindilla molida, sal y pimienta. Cubra con film transparente y deje enfriar en la nevera hasta que lo necesite.

2 Ensarte la carne de buey, la carne de cordero, el beicon, el chalote, las guindillas escurridas y el tomate alternados en 4 brochetas metálicas o de madera previamente remojadas. Mezcle el aceite con el ajo, el pimentón y la cayena en un bol pequeño. Unte las brochetas con este aceite.

3 Ase las brochetas a temperatura media durante 15-20 minutos, dándoles la vuelta y untándolas con frecuencia con el aceite especiado. Páselas a una bandeja grande y sírvalas inmediatamente con la salsa de tomate.

brochetas indonesias de buey

cocción: 10 min

preparación: 15 min
+ 2 h de maceración/reposo

para 4 personas

variación

Para que la salsa sea más picante, añádale 1-2 guindillas rojas ojo de perdiz. No olvide lavarse las manos después de tocarlas.

Estas picantes brochetas indonesias se sirven tradicionalmente con sambal kecap, deliciosa salsa para mojar con sabor a guindilla, y con refrescante ensalada de pepino.

INGREDIENTES

1 cucharadita de semillas de cilantro

½ cucharadita de semillas de comino

450 g de cuarto trasero de buey cortado en tiras

1 cebolla

2 dientes de ajo

1 cucharada de azúcar mascabada

1 cucharada de salsa de soja oscura

4 cucharadas de zumo de limón

sal

SALSA

1 guindilla roja fresca

4 cucharadas de salsa de soja oscura

2 dientes de ajo picados finos

4 cucharaditas de zumo de limón

2 cucharadas de agua caliente

sugerencia

Si no tiene mortero, puede moler las semillas de cilantro y de comino en un molinillo para especias, o incluso en un molinillo para café limpio.

1 Para preparar la salsa, quíteles las semillas a las guindillas con un cuchillo afilado, y píquelas finas. Póngalas en un bol pequeño con el resto de los ingredientes y mézclelos. Cubra el bol con film transparente y deje reposar la salsa hasta que la necesite.

2 Tueste las semillas de cilantro y de comino en una sartén 1 minuto, o hasta que desprendan aroma y empiecen a abrirse. Retírelas del fuego y muélalas en un mortero. Coloque la carne en una fuente llana no metálica, añádale las especias y remuévala bien. Ponga la cebolla, el ajo, el azúcar, la salsa de soja y el zumo de limón en una picadora y haga una pasta. Sale al gusto y cubra la carne con la pasta, removiendo para que quede bien recubierta. Cúbrala con film transparente y déjela macerar en la nevera 2 horas.

3 Precaliente la barbacoa. Escurra luego la carne, reserve el adobo y ensártela en brochetas metálicas o de madera previamente remojadas. A continuación, áselas a temperatura alta, dándoles la vuelta y untándolas frecuentemente con el adobo reservado, 5-8 minutos o hasta que estén hechas. Páselas a una fuente y sírvalas con la salsa para mojar.

costillas de cordero al romero

para 4 personas

preparación: 10 min
+ 1 h de maceración

cocción: 20 min

Este plato de fácil y rápida preparación es perfecto para un menú de verano, servido con patatas y abundante ensalada.

INGREDIENTES

4 costillares de cordero con 4 costillas cada uno

2 cucharadas de aceite de oliva extra virgen

1 cucharada de vinagre balsámico

1 cucharada de zumo de limón

3 cucharadas de romero fresco picado fino

1 cebolla pequeña picada fina

sal y pimienta

INFORMACIÓN NUTRICIONAL

Valor energético . . . . .798 kcal

Proteínas . . . . .46 g

Hidratos de carbono . . . . . .2 g

Azúcares . . . . .1 g

Grasas . . . . .68 g

Grasas saturadas . . . . .31 g

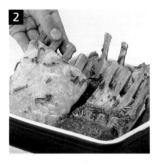

sugerencia

El vinagre balsámico es de color oscuro y tiene un sabor muy suave. Procede de la región de Módena, en el norte de Italia. Es bastante caro, pero su sabor es único.

1 Ponga los costillares de cordero en una fuente grande, llana y no metálica. Mezcle bien el aceite con el vinagre, el zumo de limón, el romero y la cebolla en una salsera y salpimente al gusto.

2 Vierta el adobo sobre las costillas y deles la vuelta para que queden bien recubiertas. Cúbralas con film transparente y déjelas macerar en la nevera 1 hora, dándoles la vuelta de vez en cuando.

3 Precaliente la barbacoa. Escurra los costillares de cordero y reserve el adobo. Áselos a temperatura media, untándolos frecuentemente con el adobo, 10 minutos por cada lado. Sírvalos.

cerdo a la soja con cilantro

⏲ **cocción: 14-20 min** ⏱ **preparación: 10 min** **para 4 personas**
 + 1 h de maceración

*Los sabores de estilo oriental que impregnan estas chuletas de cerdo
hacen que resulte un plato original, que se convertirá en uno de sus
favoritos para la barbacoa.*

INFORMACIÓN NUTRICIONAL

Valor energético . . . . .469 kcal

Proteínas . . . . .40 g

Hidratos de carbono . . . . . .3 g

Azúcares . . . . .1 g

Grasas . . . . .33 g

Grasas saturadas . . . . .12 g

INGREDIENTES

**4 chuletas de cerdo de unos 175 g
cada una**

1 cucharada de semillas de cilantro

6 granos de pimienta negra

4 cucharadas de salsa de soja oscura

1 diente de ajo picado fino

1 cucharadita de azúcar

ramitas de cilantro fresco, para decorar

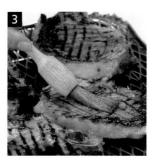

sugerencia

Merece la pena buscar una
salsa de soja de buena calidad
para preparar el aromático
adobo que sazona estas
chuletas. Los supermercados
chinos suelen tener una buena
selección de estas salsas.

1 Ponga las chuletas de
cerdo en una fuente
grande, llana y no metálica.
Triture las semillas de cilantro
y los granos de pimienta en
un molinillo para especias, o
bien en un mortero. Ponga la
salsa de soja, el ajo, el azúcar
y las especias trituradas en una
salsera y remueva hasta que el
azúcar se haya disuelto.

2 Vierta la salsa sobre
las chuletas y deles la
vuelta para recubrirlas bien.
Cúbralas con film transparente
y déjelas macerar en la nevera
1 hora, dándoles la vuelta de
vez en cuando.

3 Precaliente la barbacoa.
Escurra las chuletas y
reserve el adobo. Áselas a
temperatura media, untándolas
con frecuencia con el adobo
reservado, unos 7-10 minutos
por cada lado. Páselas a una
fuente, adórnelas con el
cilantro fresco y sírvalas.

filetes de cordero especiados

cocción: 40 min

preparación: 15 min
+ 3 h 20 min de maceración

para 4 personas

El cordero, el romero fresco y las hojas de laurel son una combinación clásica, pero en esta deliciosa receta le añadimos un adobo picante para darle a la carne un toque especial.

INGREDIENTES

4 filetes de cordero de unos 175 g cada uno

8 ramitas de romero fresco

8 hojas de laurel frescas

2 cucharadas de aceite de oliva

ADOBO PICANTE

2 cucharadas de aceite de girasol

1 cebolla grande picada fina

2 dientes de ajo picados finos

2 cucharadas de sazonador cajun picante

1 cucharada de pasta de curry

1 cucharadita de jengibre fresco rallado

1 lata de 400 g de tomate triturado

4 cucharadas de salsa Worcestershire

3 cucharadas de azúcar mascabada

sal y pimienta

variación

Puede preparar esta receta con distintos adobos. Pruebe con el de vino blanco o el picante, que encontrará en la pág. 13.

sugerencia

Encontrará el sazonador cajun en muchos supermercados, pero también puede prepararlo en casa siguiendo el paso 1 de la receta del Pollo picante a la caribeña de la pág. 61.

1 Para hacer el adobo, caliente el aceite en un cazo de base gruesa y sofría el ajo y la cebolla, removiendo de vez en cuando, 5 minutos o hasta que se hayan ablandado. Añada el sazonador cajun, la pasta de curry y el jengibre, y remueva constantemente durante 2 minutos. Agregue el tomate, la salsa Worcestershire y el azúcar, y salpimente al gusto. Lleve a ebullición, sin dejar de remover, baje la temperatura y deje a fuego lento 15 minutos o hasta que haya espesado. Retire el cazo del fuego y deje entibiar.

2 Ponga la carne entre 2 láminas de film transparente y golpéela con el canto de un rodillo para aplanarla. Pase los filetes a una fuente grande, llana y no metálica, vierta el adobo por encima y deles la vuelta para que queden bien recubiertos. Cúbralos con film transparente y déjelos macerar en la nevera 3 horas.

3 Precaliente la barbacoa. Escurra la carne y reserve adobo. Ase el cordero a temperatura media, untándolo frecuentemente con el adobo, 5-7 minutos por cada lado. Mientras tanto, moje el romero y las hojas de laurel en el aceite de oliva y áselos en la barbacoa 3-5 minutos. Sirva el cordero inmediatamente con las hierbas.

chuletas de cordero a la menta

para 6 personas   **preparación: 15 min** ⏲ **+ 2 h de maceración**   **cocción: 10-14 min** ⏲

Puede preparar este plato con cualquier parte del cordero, como paletilla o pierna, que es especialmente tierna, o bien con chuletas. Calcule dos por ración.

INGREDIENTES

6 chuletas de riñonada de cordero de
unos 175 g cada una
150 ml de yogur griego
2 dientes de ajo picados finos
1 cucharadita de jengibre fresco rallado
¼ de cucharadita de semillas de
cilantro machacadas
sal y pimienta
1 cucharada de aceite de oliva y
un poco más para untar
1 cucharada de zumo de naranja
1 cucharadita de aceite de nuez
2 cucharadas de menta fresca picada

INFORMACIÓN NUTRICIONAL

Valor energético	.....420 kcal
Proteínas	............30 g
Hidratos de carbono	......1 g
Azúcares	..............1 g
Grasas	...............33 g
Grasas saturadas	........15 g

variación

Sustituya el zumo de naranja y el aceite de nuez por ¼ de cucharadita de anís estrellado molido y una pizca de canela y comino molidos.

1 Ponga las chuletas en una fuente grande. Mezcle la mitad del yogur con el ajo, el jengibre y las semillas de cilantro en una salsera, y salpimente al gusto. Ponga cucharadas de adobo sobre la carne y dele la vuelta para recubrirla, cúbrala con film transparente y déjela macerar en la nevera 2 horas, dándole la vuelta de vez en cuando.

2 Precaliente la barbacoa. Ponga el resto del yogur, el aceite de oliva, el zumo de naranja, el aceite de nuez y la menta fresca en un bol pequeño, y mézclelos bien con unas varillas manuales. Salpimente. Cubra el yogur a la menta con film transparente y déjelo enfriar en la nevera hasta la hora de servirlo.

3 Escurra las chuletas y retire el exceso de adobo. Úntelas con aceite de oliva y áselas a temperatura media 5-7 minutos por cada lado. Sírvalas inmediatamente con el yogur a la menta.

brochetas al estilo de Normandía

cocción: 12-15 min

preparación: 10 min + 1-2 h de maceración

para 4 personas

Las manzanas de Normandía son famosas en toda Francia, tanto para comer como para la elaboración de sidra. Como toque de autenticidad, tómese una copita de calvados entre plato y plato.

INFORMACIÓN NUTRICIONAL

Valor energético	242 kcal
Proteínas	24 g
Hidratos de carbono	8 g
Azúcares	8 g
Grasas	11 g
Grasas saturadas	3 g

INGREDIENTES

1 solomillo de cerdo de 450 g

300 ml de sidra seca

1 cucharada de salvia fresca picada fina

6 granos de pimienta negra machacados

2 manzanas frescas

1 cucharada de aceite de girasol

variación

Sustituya 1 manzana por 6 ciruelas pasa que no precisen remojo, envueltas en tiras de beicon. Ensártelas en las brochetas con la carne y la manzana.

1 Con un cuchillo afilado, corte la carne en dados de 2,5 cm y póngalos en una fuente grande, llana y no metálica. Mezcle la sidra con la salvia y la pimienta en una salsera, y viértala sobre los dados de carne, removiendo para que queden bien recubiertos. Cúbralos con film transparente y déjelos macerar en la nevera 1-2 horas.

2 Precaliente la barbacoa. Escurra la carne y reserve el adobo. Parta las manzanas por la mitad y quíteles el corazón, pero no las pele. Córtelas en gajos, mójelos en el adobo reservado y ensártelos en unas brochetas metálicas alternándolos con los dados de carne. Agregue el aceite de girasol al resto del adobo.

3 Ase las brochetas a temperatura media, dándoles la vuelta y untándolas con frecuencia con el adobo reservado, unos 12-15 minutos. Páselas a una bandeja y, si lo desea, puede retirar la carne y la manzana de las brochetas antes de servirlas.

para 4 personas

preparación: 20 min ⏲
+ 2 h de maceración

cocción: 10-15 min ⏲

Turquía, puente entre Oriente y Occidente, ha sabido combinar la influencia de ambos en su cocina. Originalmente estos pinchitos se preparaban con carne de carnero o de cabrito.

INGREDIENTES

500 g de paletilla de cordero deshuesada en dados de 2,5 cm

1 cucharada de aceite de oliva

2 cucharadas de vino blanco seco

2 cucharadas de menta fresca picada fina

4 dientes de ajo picados finos

2 cucharaditas de ralladura de naranja

1 cucharada de pimentón dulce

1 cucharadita de azúcar

sal y pimienta

CREMA TAHÍN

225 g de pasta tahín

2 dientes de ajo picados finos

2 cucharadas de aceite de oliva extra virgen

2 cucharadas de zumo de limón

125 ml de agua

INFORMACIÓN NUTRICIONAL

Valor energético	.....752 kcal
Proteínas	............43 g
Hidratos de carbono	......2 g
Azúcares	.............1 g
Grasas	.............63 g
Grasas saturadas	.......16 g

variación

Puede servir estos pinchitos con otras salsas, como un *Tzatziki* (*véase* pág. 153) o incluso con una Salsa de tomate (*véase* pág. 98).

sugerencia

La tahín es una pasta de sésamo de consistencia cremosa hecha con semillas de sésamo molidas. La encontrará en la mayoría de tiendas de dietética o tiendas especializadas.

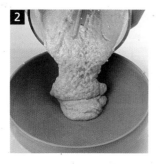

1 Ponga los dados de carne de cordero en una fuente grande, llana y no metálica. Mezcle el aceite de oliva, el vino, la menta, el ajo, la ralladura de naranja, el pimentón dulce y el azúcar en una salsera y salpimente al gusto. Vierta sobre la carne, dele la vuelta para que queda bien recubierta, cúbrala con film transparente y déjela macerar en la nevera 2 horas. Dele la vuelta varias veces.

2 Precaliente la barbacoa. Para preparar la crema tahín, ponga la pasta tahín, el ajo, el aceite y el zumo de limón en una batidora y bata hasta que quede cremoso. Sin dejar de batir añada gradualmente el agua, hasta que la crema quede bien fina. Cúbrala con film transparente y déjela enfriar en la nevera.

3 Escurra la carne, reservando el adobo, y ensártela en unas brochetas metálicas largas. Áselas a temperatura media durante 10-15 minutos, dándoles la vuelta y untándolas con el adobo reservado. Sirva los pinchitos con la crema tahín.

shashlik

⏲ **cocción: 10-15 min**

🕐 **preparación: 20 min + 8 h de maceración**

para 4 personas

INFORMACIÓN NUTRICIONAL

Valor energético . . . . .486 kcal

Proteínas . . . . .42 g

Hidratos de carbono . . . . . .5 g

Azúcares . . . . .4 g

Grasas . . . . .34 g

Grasas saturadas . . . . .11 g

---

variación

Si lo desea puede utilizar otros adobos para aromatizar el cordero, como el Adobo de vino blanco (*véase* pág. 13).

El shashlik *consiste en aromáticas brochetas con sabor a limón y es una especialidad de Georgia, una fértil zona situada entre el mar Negro y el Cáucaso. Son parecidas a los pinchitos morunos de la vecina Turquía.*

INGREDIENTES

675 g de pierna de cordero deshuesada en dados de 2,5 cm

12 champiñones grandes

4 lonchas de beicon magro sin corteza

8 tomates cereza

1 pimiento verde grande, sin semillas y cortado en trozos cuadrados

ramitas de hierbas frescas, para decorar

ADOBO

4 cucharadas de aceite de girasol

4 cucharadas de zumo de limón

1 cebolla picada fina

½ cucharadita de romero seco

½ cucharadita de tomillo seco

sal y pimienta

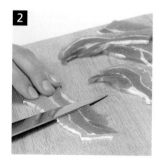

sugerencia

Cuando ase todo tipo de brochetas en la barbacoa, no olvide darles la vuelta y untarlas con adobo o aceite con frecuencia, para evitar que se quemen.

1 Ponga la carne y los champiñones en una fuente grande, llana y no metálica. Mezcle todos los ingredientes del adobo en una salsera y salpiméntelos. Vierta el adobo sobre la carne y los champiñones y remuévalo para que queden bien recubiertos. Cúbralos con film transparente y déjelos macerar en la nevera hasta 8 horas.

2 Precaliente la barbacoa. Corte las lonchas de beicon por la mitad transversalmente, estírelas con un cuchillo grande de hoja ancha y enróllellas. Escurra la carne y los champiñones y reserve el adobo. Ensarte los rollitos de beicon, los dados de cordero, los champiñones, los tomates y los trozos de pimiento alternados en unas brochetas metálicas. Cuele el adobo.

3 Ase las brochetas a temperatura media durante unos 10-15 minutos, dándoles la vuelta y untándolas con frecuencia con el adobo reservado. Páselas a una fuente, adórnelas con unas ramitas de hierbas frescas y sírvalas inmediatamente.

chuletas de cordero a la ginebra

para 4 personas   **preparación: 15 min** ⏲   **cocción: 10 min** ⏲
+ 5 min de maceración

Estas chuletas sólo necesitan una maceración breve, ya que el adobo tiene un sabor bastante fuerte. Están deliciosas servidas con mantequilla a la mostaza.

INGREDIENTES

8 chuletas de cordero

ramitas de perejil fresco, para decorar

ensalada, para servir

ADOBO

2 cucharadas de aceite de oliva

2 cucharadas de salsa Worcestershire

2 cucharadas de zumo de limón

2 cucharadas de ginebra seca

1 diente de ajo picado fino

sal y pimienta

MANTEQUILLA A LA MOSTAZA

55 g de mantequilla sin sal ablandada

1½ cucharaditas de mostaza al estragón

1 cucharada de perejil fresco picado

1 chorrito de zumo de limón

INFORMACIÓN NUTRICIONAL

Valor energético . . . . .770 kcal

Proteínas . . . . .52 g

Hidratos de carbono . . . . . .2 g

Azúcares . . . . .1 g

Grasas . . . . .60 g

Grasas saturadas . . . . .29 g

variación

En lugar de mantequilla a la mostaza, sirva la carne con Mantequilla con berros (*véase* pág. 92) y adórnela con berros en lugar de perejil.

sugerencia

Asegúrese de que la barbacoa haya alcanzado la temperatura adecuada antes de cocinar, de otro modo la carne quedará chamuscada por fuera y cruda por dentro.

1 Precaliente la barbacoa. Ponga los trozos de carne en una fuente grande, llana y no metálica. Mezcle todos los ingredientes del adobo en una salsera y luego salpimente al gusto. Viértalo sobre la carne y dele la vuelta para que quede totalmente recubierta. Cúbrala con film transparente y déjela macerar durante 5 minutos.

2 Para preparar la mantequilla a la mostaza, mezcle todos los ingredientes en un bol pequeño y bátalos con un tenedor hasta que queden homogéneos. Cubra con film transparente y guarde en la nevera.

3 Escurra la carne y reserve el adobo. Ásela a temperatura media, 5 minutos por cada lado, untándola con frecuencia con el adobo reservado. Pásela a platos individuales, con la mantequilla a la mostaza por encima y adornada con ramitas de perejil. Sírvala inmediatamente con ensalada.

costillas de cerdo picantes

para 4 personas **preparación: 15 min** 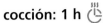 **cocción: 1 h**

Doblemente asadas (primero en la cocina y después en la barbacoa), estas suculentas costillas de cerdo quedan muy tiernas y están repletas de sabor.

INGREDIENTES

1 cebolla picada

2 dientes de ajo picados

1 trozo de 2,5 cm de jengibre fresco en rodajas

1 guindilla roja fresca sin semillas y picada

5 cucharadas de salsa de soja oscura

3 cucharadas de zumo de lima

1 cucharada de azúcar de palma o mascabada

2 cucharadas de aceite de cacahuete

sal y pimienta

1 kg de costillas de cerdo

INFORMACIÓN NUTRICIONAL

Valor energético	.466 kcal
Proteínas	.38 g
Hidratos de carbono	.11 g
Azúcares	.7 g
Grasas	.30 g
Grasas saturadas	.10 g

sugerencia

El aceite de cacahuete se utiliza mucho en la cocina del sudeste asiático. Lo podrá encontrar en grandes supermercados, pero si no fuera así sustitúyalo por aceite de girasol.

1 Precaliente la barbacoa. Ponga la cebolla, el ajo, el jengibre, la guindilla y la salsa de soja en una picadora y haga una pasta. Pásela a una salsera, agregue el zumo de lima, el azúcar y el aceite y salpimente al gusto.

2 Ponga las costillas en un wok precalentado o en una cazuela grande de base gruesa, y vierta por encima la mezcla de salsa de soja. Lleve a ebullición y deje a fuego lento, removiendo con frecuencia, unos 30 minutos. Si ve que se reseca, añada un poquito de agua.

3 Retire las costillas y reserve la salsa. Ase las costillas a temperatura media en la barbacoa, dándoles la vuelta y untándolas con la salsa, 20-30 minutos. Páselas a una fuente grande y sírvalas inmediatamente.

costillas chinas

cocción: 30-40 min

**preparación: 10 min
+ 6 h de maceración**

para 4 personas

*Deje macerar estas costillas de cerdo el mayor tiempo posible,
para asegurarse de que los maravillosos sabores del adobo
impregnen bien la carne.*

INFORMACIÓN NUTRICIONAL

Valor energético	. . . . .450 kcal
Proteínas	. . . . .38 g
Hidratos de carbono	. . . . .14 g
Azúcares	. . . . .12 g
Grasas	. . . . .27 g
Grasas saturadas	. . . . . . .9 g

INGREDIENTES

1 kg de costillas de cerdo

4 cucharadas de salsa de soja oscura

3 cucharadas de azúcar mascabada

1 cucharada de aceite de cacahuete
o de girasol

2 dientes de ajo picados finos

2 cucharaditas de mezcla china
de cinco especias

1 trozo de 1 cm de jengibre fresco
rallado

tiras de cebolleta, para decorar

variación

Macere la carne en
4 cucharadas de salsa de
soja, 4 de miel, 1 de agua,
1 cucharadita de mostaza
en polvo y una pizca de
cayena.

1 Ponga las costillas
en una fuente grande,
llana y no metálica. Mezcle la
salsa de soja con el azúcar, el
aceite, el ajo, la mezcla china
de cinco especias y el jengibre
en un cuenco. Vierta el adobo
sobre las costillas de forma que
queden bien recubiertas.

2 Cubra la fuente con
film transparente y
deje macerar la carne en la
nevera como mínimo 6 horas.

3 Precaliente la barbacoa.
Escurra las costillas y
reserve el adobo. Áselas a
temperatura media unos
30-40 minutos, dándoles
la vuelta y untándolas con
frecuencia con el adobo

reservado. Páselas a una fuente
grande, adórnelas con las tiras
de cebolleta y sírvalas de
inmediato.

lomo de cerdo con hierbas al limón

para 4 personas **preparación: 10 min** 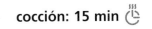 **cocción: 15 min**
+ 8 h 30 min de maceración

Aunque es importante asegurarse de que la carne de cerdo esté bien hecha, procure no asar en exceso estos delgados filetes de delicado sabor vigilando la temperatura de la barbacoa.

INGREDIENTES

4 filetes de lomo de cerdo

2 cucharadas de aceite de girasol

6 hojas de laurel troceadas

la ralladura y el zumo de 2 limones

125 ml de cerveza

1 cucharada de miel fluida

6 bayas de enebro ligeramente

machacadas

sal y pimienta

1 manzana

ramitas de perejil fresco,

para decorar

INFORMACIÓN NUTRICIONAL

Valor energético	.....349 kcal
Proteínas	.............37 g
Hidratos de carbono	......9 g
Azúcares	.............9 g
Grasas	.............18 g
Grasas saturadas	........5 g

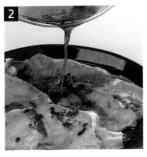

sugerencia

Las pechugas de pavo también quedarían muy sabrosas de esta manera. Áselas 7-8 minutos por cada lado. Compruebe que estén bien asadas antes de servirlas.

1 Ponga los filetes de cerdo en una fuente grande, llana y no metálica. Caliente el aceite en una sartén pequeña de base gruesa y saltee las hojas de laurel 1 minuto. Agregue la ralladura y el zumo de limón, la cerveza, la miel y las bayas de enebro ligeramente machacadas, y salpimente al gusto.

2 Vierta la mezcla sobre la carne y dele la vuelta para recubrirla. Cúbrala con film transparente, espere a que se enfríe y a continuación, déjela macerar en la nevera hasta 8 horas.

3 Precaliente la barbacoa. Escurra los filetes y reserve el adobo. Quítele el corazón a la manzana y córtela en aros. Ase la carne a temperatura media 5 minutos por cada lado o hasta que esté hecha, untándola con frecuencia con el adobo reservado. Ase los aros de manzana en la barbacoa 3 minutos, untándolos con el adobo con frecuencia. Pase la carne y la manzana a una fuente grande. Adórnela con ramitas de perejil y sírvala.

cerdo a la ginebra con bayas de enebro

cocción: 14-18 min

preparación: 10 min + 8 h de maceración

para 4 personas

Este plato se preparaba originalmente con carne de jabalí, que ahora se cría en granjas y puede encontrarse en algunos supermercados. Queda igualmente delicioso con chuletas de cerdo.

INFORMACIÓN NUTRICIONAL

Valor energético	.425 kcal
Proteínas	.32 g
Hidratos de carbono	.10 g
Azúcares	.8 g
Grasas	.26 g
Grasas saturadas	.9 g

INGREDIENTES

4 chuletas de cerdo de 175 g cada una

50 ml de ginebra seca

175 ml de zumo de naranja

2 cebollas rojas o blancas cortadas por la mitad

6 bayas de enebro ligeramente machacadas

la peladura fina de 1 naranja

1 rama de canela

1 hoja de laurel

2 cucharaditas de tomillo fresco picado fino

sal y pimienta

sugerencia

Las cebollas rojas y blancas tienen un sabor más suave que otros tipos, que se acentúa al asarlas. Las cebollas españolas también son suaves, pero como suelen ser grandes, utilice sólo una.

1 Ponga las chuletas de cerdo en una fuente grande, llana y no metálica. Vierta la ginebra y el zumo de naranja y añada las mitades de cebolla. Incorpore las bayas de enebro, la piel de naranja, la canela, la hoja de laurel y el tomillo, y remueva con un tenedor, hasta que las chuletas estén recubiertas. Cúbralas con film transparente y déjelas macerar en la nevera durante unas 8 horas.

2 Precaliente la barbacoa. Escurra las chuletas y las cebollas, y reserve el adobo. Salpimente la carne al gusto y cuele el adobo sobre una salsera pequeña.

3 Ase la carne y las cebollas a temperatura media, untándolas con frecuencia con el adobo reservado, 7-9 minutos por cada lado o hasta que estén bien hechas. Páselas a una fuente grande y sírvalas inmediatamente.

albóndigas en pinchitos

para 8 personas　　　　**preparación: 20 min** ⏲　　　　**cocción: 10 min** ⏲

Populares por igual entre niños y adultos. Sírvalas con una selección de salsas preparadas o caseras, como la Salsa de tomate (véase pág. 94), calentadas a un lado de la barbacoa.

INGREDIENTES

4 salchichas de cerdo a las hierbas

115 g de carne de buey picada

85 g de pan rallado

1 cebolla picada fina

2 cucharadas de hierbas variadas frescas
picadas, como perejil, tomillo y salvia

1 huevo

sal y pimienta

aceite de girasol, para untar

salsas de su elección, para servir

INFORMACIÓN NUTRICIONAL

Valor energético . . . . .132 kcal

Proteínas . . . . .9 g

Hidratos de carbono . . . . . .8 g

Azúcares . . . . .2 g

Grasas . . . . .7 g

Grasas saturadas . . . . .3 g

---

variación

Sustituya el pan rallado por 1 patata cocida y 1 remolacha pequeña cocida, picadas bien finas.

sugerencia

Cada vez es más fácil encontrar salchichas con sabores, desde puerro y pimienta negra a guindilla, y todas ellas son adecuadas para hacer estas albóndigas.

1 Precaliente la barbacoa. Quítele la piel a las salchichas, ponga la carne en un cuenco grande y desmenúcela con un tenedor. Incorpore la carne de buey picada, el pan rallado, la cebolla, las hierbas variadas y el huevo. Salpimente al gusto y remueva con una cuchara de madera hasta que quede homogéneo.

2 Con las manos vaya dando forma a las albóndigas, del tamaño de una pelota de golf. Pinche cada una de ellas con un palillo y úntelas con aceite.

3 Áselas a temperatura media, dándoles la vuelta con frecuencia y untándolas con aceite cuando sea necesario, unos 10 minutos o hasta que estén totalmente hechas. Páselas a una fuente y sírvalas inmediatamente con una selección de salsas.

koftas de beicon

para 4 personas **preparación: 15 min**   **cocción: 10 min**

Las koftas son brochetas de carne picada, generalmente de cordero. Éstas son más económicas porque están hechas con beicon. Son fáciles de hacer pero procure no picarlo demasiado.

INGREDIENTES

1 cebolla pequeña

225 g de beicon magro sin corteza y picado grueso

85 g de pan rallado

1 cucharada de mejorana fresca picada

la ralladura de 1 limón

1 clara de huevo

pimienta

frutos secos picados, para rebozar (opcional)

pimentón, para espolvorear

cebollino fresco troceado, para decorar

INFORMACIÓN NUTRICIONAL

Valor energético	180 kcal
Proteínas	12 g
Hidratos de carbono	12 g
Azúcares	1 g
Grasas	10 g
Grasas saturadas	4 g

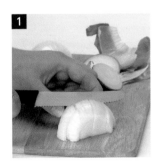

sugerencia

Procure no picar demasiado la carne para las *koftas*, porque si quedan muy blandas será difícil darles forma y perderán su deliciosa textura.

1 Precaliente la barbacoa. Con un cuchillo afilado, pique la cebolla y póngala en una picadora con el beicon, el pan rallado, la mejorana, la ralladura de limón y la clara de huevo. Sazone al gusto con pimienta y pique los ingredientes brevemente.

2 Reparta la mezcla de beicon en 8 partes iguales y moldéela alrededor de una brocheta hasta que tenga el grosor adecuado, formando una croqueta alargada. Espolvoree las *koftas* con pimentón. Si lo desea, puede dar a 4 de ellas forma redondeada, en lugar de alargada. Extienda los frutos secos picados en un plato llano y reboce la *koftas* con ellos.

3 Ase las *koftas* a temperatura alta 10 minutos, dándoles la vuelta con frecuencia. Páselas a una fuente grande y sírvalas inmediatamente, adornadas con el cebollino troceado.

rollitos de salchichas

cocción: 15-20 min　　　**preparación: 15 min**　　　**para 4 personas**

*Las salchichas son un plato tradicional para la barbacoa,
pero incluso las sazonadas pueden resultar un poco aburridas.
En cambio estos rollitos son originales y deliciosos.*

INFORMACIÓN NUTRICIONAL

Valor energético . . . . .499 kcal

Proteínas . . . . .31 g

Hidratos de carbono . . . . . .6 g

Azúcares . . . . .2 g

Grasas . . . . .39 g

Grasas saturadas . . . . .16 g

INGREDIENTES

115 g de mozzarella

8 salchichas de Toulouse

2 cucharadas de mostaza de Dijon

8 lonchas de beicon ahumado

sugerencia

Las salchichas de Toulouse son bastante grandes y están hechas con carne de cerdo picado grueso. Aunque es fácil encontrarlas, puede sustituirlas por otro tipo de salchicha de buena calidad.

1 Precaliente la barbacoa. Corte la mozzarella en lonchas finas. Haga una incisión en el costado de cada salchicha con un cuchillo afilado. Unte los cortes con la mostaza. Reparta las lonchas de queso entre las salchichas y vuelva a darles forma.

2 Aplane el beicon con un cuchillo grande de hoja ancha. Envuelva cada salchicha con 1 loncha de beicon bien apretada, para que no se desmonte. Si fuera necesario, sujétela con un palillo.

3 Ase los rollitos a temperatura alta durante unos 15-20 minutos, dándoles la vuelta con frecuencia. Páselos a una fuente grande y sírvalos inmediatamente.

parrillada variada

cocción: 12 min   **preparación: 20 min**   **para 4 personas**

variación

Si lo prefiere sustituya el filete por medallones de otra carne, como por ejemplo cordero o pollo.

Este festín de carnes rojas lleva todo lo que un amante de la carne puede desear: salchichas, beicon, filete de carne y riñones. Ideal servida con patatas asadas y ensalada verde.

INGREDIENTES

4 riñones de cordero

6 lonchas de beicon ahumado sin corteza

4 tomates cereza

4 filetes pequeños o *tournedós*

8 salchichas de cerdo pequeñas

4 champiñones pequeños

12 hojas de laurel

sal y pimienta

1 ración de adobo picante (*véase* pág. 105)

mantequilla a la mostaza (*véase* pág. 112), para servir

sugerencia

Procure que todos los trozos de carne sean del mismo tamaño y que las brochetas no estén demasiado juntas, de otro modo la carne no quedará bien asada.

1 Precaliente la barbacoa. Con un cuchillo afilado recorte la grasa de los riñones, córtelos por la mitad y quíteles la parte central con unas tijeras. Corte las lonchas de beicon por la mitad a lo largo y envuelva cada mitad de riñón y cada tomate con un trozo de beicon.

2 Ensarte los riñones, los tomates, el filete, las salchichas, los champiñones y las hojas de laurel alternados en unas brochetas metálicas. Salpiméntelas al gusto y luego úntelas con el adobo.

3 Áselas a temperatura media, dándoles la vuelta y untándolas con frecuencia con el adobo, unos 12 minutos. Páselas a una fuente grande y sírvalas inmediatamente con la mantequilla a la mostaza.

brochetas fabulosas

para 4 personas   **preparación: 10 min** ⟲   **cocción: 40 min** ⟳

Un toque diferente para todo un clásico: ase las salchichas de Frankfurt en la barbacoa para que adquieran un maravilloso sabor ahumado. En este caso las servimos con pan de ajo.

INGREDIENTES

12 salchichas de Frankfurt

2 calabacines cortados en rodajas de 1 cm

2 mazorcas de maíz cortadas en rodajas de 1 cm

12 tomates cereza

12 cebollitas

2 cucharadas de aceite de oliva

PAN DE AJO

2 cabezas de ajo

2-3 cucharadas de aceite de oliva

1 barra de pan a rebanadas

sal y pimienta

INFORMACIÓN NUTRICIONAL

Valor energético . . . . .620 kcal

Proteínas . . . . .19 g

Hidratos de carbono . . . . .69 g

Azúcares . . . . .6 g

Grasas . . . . .32 g

Grasas saturadas . . . . .2 g

variación

Corte el pan por la mitad sin separarlo. Úntelo con 2 dientes de ajo majados y 115 g de mantequilla. Envuélvalo en papel aluminio y áselo 15 minutos.

sugerencia

Cuando tueste el pan, no lo ponga directamente sobre el carbón caliente. No deje de vigilarlo porque se tuesta en pocos minutos y podría quemarse fácilmente.

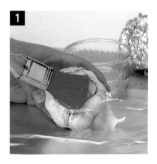

1 Precaliente la barbacoa. Para hacer el pan al ajo, rebane la parte superior de las cabezas de ajo. Úntelas con aceite y envuélvalas con papel de aluminio. Áselas sobre el carbón caliente, dándoles la vuelta de vez en cuando, unos 30 minutos.

2 Entre tanto corte cada salchicha de Frankfurt en 3 trozos. Ensarte los trozos de salchicha, de calabacín, de maíz, los tomates cereza y las cebollitas alternándolos en unas brochetas metálicas. Úntelas con aceite de oliva.

3 Ase las brochetas a temperatura alta unos 8-10 minutos, dándoles la vuelta y untándolas con frecuencia con el aceite.

Mientras tanto unte las rebanadas de pan con aceite y tuéstelas por ambos lados en la barbacoa. Desenvuelva las cabezas de ajo y unte el pan con los dientes de ajo asados. Salpimente al gusto y rocíelo con un poco más de aceite de oliva, si lo desea. Pase las brochetas a una fuente grande y sírvalas con el pan de ajo.

verduras

La gama de verduras y hortalizas que se puede preparar en la barbacoa es inmensa y algunas de ellas, como los calabacines, las berenjenas, las cebollas rojas y los pimientos, se adaptan perfectamente a este método de cocción. Mientras se asan van adquiriendo un dulzor delicioso y un aspecto muy apetitoso.

Algunas de las recetas de este capítulo, como las Brochetas vegetales a la griega (véase pág. 128), las Hamburguesas de champiñones (véase pág. 139) y las Verduras estivales en papillote (véase pág. 144), pueden ser un plato principal, incluso para los vegetarianos más estrictos. Otras, como los Abanicos de patata (véase pág. 133), sirven para acompañar pescados, carnes blancas o rojas, o platos vegetarianos. Las hay que se adaptan como plato principal o guarnición, como las Verduras al estilo cajun (véase pág. 147), simplemente ajustando las cantidades indicadas. Por último, puede servir muchos de estos platos como entrantes, como los Tomates rellenos, (véase pág. 132) o las Berenjenas con tzatziki (véase pág. 153), mientras prepara el plato principal.

Ninguna barbacoa quedaría completa sin una ensalada, aunque una selección es incluso mejor. La ensalada verde variada es muy sencilla, puede incluso comprarla ya preparada, con su propio aliño, y podría complementarla con alguna de las que damos al final del capítulo. Las ensaladas de arroz y de pasta son sustanciosas y gustan a todo el mundo. Si tiene invitados, prepáreles un Taboulé libanés (véase pág. 156) o la original Ensalada verde y roja (véase pág. 159).

brochetas vegetales a la griega

⏱ **cocción: 35 min**

⏱ **preparación: 20 min**
+ 40 min de enfriamiento

para 4 personas

INFORMACIÓN NUTRICIONAL

Valor energético . . . . .428 kcal

Proteínas . . . . .19 g

Hidratos de carbono . . . . .40 g

Azúcares . . . . .21 g

Grasas . . . . .23 g

Grasas saturadas . . . . . . .4 g

variación

Aunque no sería realmente griego, podría servir estas brochetas con alioli (*véase* pág. 41). Si lo prefiere, puede sustituir el haloumi por feta.

Esta sabrosa receta lleva una selección de verduras, queso y nectarinas, una vistosísima y rica combinación. Una comida completa en una sola brocheta.

INGREDIENTES

2 cebollas

8 patatas nuevas lavadas y sin pelar

1 berenjena cortada en 8 trozos

8 rodajas gruesas de pepino

1 pimiento rojo sin semillas y cortado en 8 trozos

1 pimiento amarillo sin semillas y cortado en 8 trozos

225 g de queso haloumi cortado en 8 dados

2 nectarinas sin hueso y cuarteadas

8 champiñones pequeños

2 cucharadas de aceite de oliva

2 cucharaditas de tomillo fresco picado

2 cucharaditas de romero fresco picado

1 ración de *tzatziki* (*véase* pág. 153), para servir

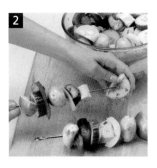

sugerencia

El haloumi es un queso de leche de oveja, perfecto para la barbacoa porque se ablanda y tuesta sin fundirse. Manténgalo vigilado para evitar que se queme.

1 Precaliente la barbacoa. Corte las cebollas en gajos y hiérvalas con las patatas, en una cacerola con agua hirviendo ligeramente salada, 20 minutos o hasta que estén tiernas. Escúrralas y déjelas entibiar. Mientras tanto, escalde la berenjena en agua hirviendo unos 2 minutos, después añada el pepino y déjelos a fuego lento

1 minuto. Incorpore los pimientos y cueza 2 minutos más, escurra y deje entibiar las verduras.

2 Ponga las verduras tibias, el queso, las nectarinas y los champiñones en un cuenco. Agregue el aceite de oliva y las hierbas, y mézclelo todo bien. Ensarte las verduras, el queso, las

nectarinas y los champiñones en varias brochetas metálicas.

3 Ase las brochetas a temperatura alta, unos 15 minutos, dándoles la vuelta con frecuencia. Páselas a una fuente grande y sírvalas inmediatamente con el *tzatziki*.

verduras a la brasa con pesto cremoso

para 4 personas   **preparación: 30 min** ⏱   **cocción: 8 min** ⏱

Las verduras, especialmente las más tiernas, saben estupendas asadas en la barbacoa. En esta receta las servimos con un delicioso pesto, un complemento perfecto. Sírvalas con carne a la brasa.

INGREDIENTES

1 cebolla roja

1 bulbo de hinojo

4 berenjenas tiernas

4 calabacines tiernos

1 pimiento naranja

1 pimiento rojo

2 tomates redondos grandes

2 cucharadas de aceite de oliva

sal y pimienta

PESTO CREMOSO

55 g de hojas de albahaca fresca

15 g de piñones

1 diente de ajo

una pizca de sal marina gruesa

25 g de queso parmesano recién rallado

50 ml de aceite de oliva extra virgen

150 ml de yogur griego

1 ramita de albahaca fresca, para decorar

INFORMACIÓN NUTRICIONAL

Valor energético . . . . .313 kcal

Proteínas . . . . .10 g

Hidratos de carbono . . . . .15 g

Azúcares . . . . .11 g

Grasas . . . . .24 g

Grasas saturadas . . . . .6 g

variación

Si no encuentra hortalizas tiernas, puede cortar 2 berenjenas y 2 calabacines por la mitad a lo largo.

sugerencia

Este pesto casero se conserva hasta 3 días en la nevera, guardado en un recipiente hermético y sin el yogur. Si se reseca, vierta una capa de aceite sobre la superficie.

1 Precaliente la barbacoa. Para hacer el pesto cremoso, ponga la albahaca, los piñones, el ajo y la sal marina en un mortero y macháquelos con la mano del mortero. Añada gradualmente el parmesano y a continuación, el aceite. Ponga el yogur en un bol pequeño y mézclelo con 3-4 cucharadas de pesto. Cúbralo con film transparente y déjelo enfriar en la nevera hasta que lo necesite. Puede guardar el pesto sobrante en la nevera, en un frasco hermético.

2 Prepare las verduras. Corte la cebolla y el hinojo en gajos, recorte las puntas de las berenjenas y los calabacines, y corte los pimientos y los tomates por la mitad. Unte las verduras con aceite y salpiméntelas al gusto.

3 Ase las berenjenas y los pimientos a temperatura alta 3 minutos, después añada los calabacines, la cebolla y el tomate, y áselos unos 5 minutos, dándoles la vuelta de vez en cuando y untándolos con más aceite si fuera necesario. Pase las verduras a una fuente grande y sírvalas inmediatamente con el pesto, adornadas con albahaca fresca.

para 4 personas   **preparación: 15 min** ⏲
+ 15 min en la nevera   **cocción: 20 min** ⏲

Un original relleno para los tomates: reforzamos el sabor de las espinacas y el queso con semillas de girasol tostadas.

INGREDIENTES

1 cucharada de aceite de oliva

2 cucharadas de semillas de girasol

1 cebolla picada fina

1 diente de ajo picado fino

500 g de espinacas frescas, sin los tallos más gruesos y con las hojas cortadas en tiras finas

una pizca de nuez moscada recién rallada

sal y pimienta

4 tomates bien redondos grandes

140 g de mozzarella cortada en dados

INFORMACIÓN NUTRICIONAL

Valor energético	248 kcal
Proteínas	16 g
Hidratos de carbono	11 g
Azúcares	9 g
Grasas	16 g
Grasas saturadas	6 g

sugerencia

Al tostar las semillas de girasol realzamos su delicado sabor, pero no deje de removerlas porque se queman con mucha facilidad.

1 Precaliente la barbacoa. Caliente el aceite en una sartén de base gruesa y tueste las semillas de girasol, removiendo constantemente, 2 minutos o hasta que estén doradas. Incorpore la cebolla y sofríala a fuego lento, removiendo de vez en cuando, 5 minutos o hasta que se haya ablandado pero sin dorarla. Añada el ajo y las espinacas,

cubra la sartén y deje 2-3 minutos, o hasta que las espinacas se hayan ablandado. Retire la sartén del fuego y sazone al gusto con nuez moscada, sal y pimienta. Deje entibiar.

2 Con un cuchillo afilado corte y reserve una fina rebanada de la parte superior de cada tomate y extraiga la

pulpa con una cucharita, con cuidado de no atravesar la parte exterior. Pique la pulpa y añádala a las espinacas, junto con la mozzarella.

3 Rellene los tomates con la mezcla de espinacas y queso, y vuelva a cubrirlos. Recorte 4 cuadrados de papel de aluminio, de tamaño suficiente para contener un

tomate. Ponga un tomate en el centro de cada cuadrado y envuélvalos bien. Áselos a temperatura alta, unos 10 minutos, dándoles la vuelta de vez en cuando. Sírvalos inmediatamente en el mismo papel de aluminio.

abanicos de patata

⏲ **cocción: 1 h**   ◔ **preparación: 5 min**   **para 6 personas**

*Estas patatas con sabor a ajo son una alternativa fantástica
a las clásicas patatas asadas de siempre.*

INFORMACIÓN NUTRICIONAL	
Valor energético . . . . .235 kcal	
Proteínas . . . . .6 g	
Hidratos de carbono . . . . .46 g	
Azúcares . . . . .2 g	
Grasas . . . . .4 g	
Grasas saturadas . . . . .1 g	

INGREDIENTES

6 patatas grandes lavadas y sin pelar

**2 cucharadas de aceite de oliva
sazonado con ajo**

sugerencia

Si no tiene aceite sazonado
con ajo, vierta 2 cucharadas
de aceite de oliva en un
bol, añada 1 diente de ajo
machacado, cúbralo con film
transparente y déjelo reposar
durante 2 horas.

1 Precaliente la barbacoa.
Con un cuchillo afilado
haga una serie de cortes
transversales en las patatas,
llegando casi a atravesarlas.
Recorte 6 cuadrados de papel
de aluminio para envolverlas.

2 Coloque cada patata en
un cuadrado de papel
de aluminio y úntelas
generosamente con el aceite
con sabor a ajo. Doble los
bordes del papel de aluminio
para envolver bien las patatas.

3 Áselas a temperatura
alta 1 hora, dándoles la
vuelta de vez en cuando. Para
servirlas, abra los envoltorios
y, con cuidado, pellizque las
patatas para que los abanicos
se abran.

brochetas caribeñas

para 4 personas | **preparación: 20 min** ⟳ **+ 3 h de maceración** | **cocción: 15 min** ⟳

Lleve el sabor tropical a su barbacoa con estas deliciosas brochetas vegetales. Son un buen plato principal que gustará incluso a los vegetarianos más estrictos.

INGREDIENTES

1 mazorca de maíz
1 chayote pelado y troceado
1 banana madura pelada y cortada en rodajas gruesas
1 berenjena troceada
1 pimiento rojo sin semillas y troceado
1 pimiento verde sin semillas y troceado
1 cebolla cortada en gajos
8 champiñones pequeños
4 tomates cereza

ADOBO
150 ml de zumo de tomate
4 cucharadas de aceite de girasol
4 cucharadas de zumo de lima
3 cucharadas de salsa de soja oscura
1 chalote picado fino
2 dientes de ajo picados finos
1 guindilla verde fresca sin semillas y picada fina
½ cucharadita de canela molida
pimienta

variación

Si lo prefiere, sustituya el pimiento verde por otro naranja o rojo más dulzón, y la berenjena por 1 calabacín troceado.

sugerencia

El chayote es una calabaza en forma de pera, muy utilizada en la cocina caribeña porque absorbe los sabores de las especias. Si no lo encuentra utilice calabaza o calabacín.

1 Con un cuchillo afilado retire la farfolla y las barbas de la mazorca de maíz y córtela en rodajas de 2,5 cm. Escalde el chayote en agua hirviendo 2 minutos. Escúrralo, refrésquelo bajo el chorro de agua fría y vuélvalo a escurrir. Ponga el chayote en un cuenco grande con las rodajas de maíz y el resto de los ingredientes.

2 Mezcle todos los ingredientes del adobo en una salsera, y sazónelos con pimienta. Vierta el adobo sobre las verduras, removiendo para que queden bien recubiertas. Cúbralas con film transparente y déjelas macerar en la nevera 3 horas.

3 Precaliente la barbacoa. Escurra las verduras y reserve el adobo. Ensarte las verduras en varias brochetas metálicas. Áselas a temperatura alta durante 10-15 minutos, dándoles la vuelta y untándolas con frecuencia con el adobo reservado. Páselas a una fuente grande y sírvalas inmediatamente.

calabacines rellenos de queso

cocción: 30 min   **preparación: 10 min**   **para 4 personas**

INFORMACIÓN NUTRICIONAL

Valor energético . . . . .172 kcal

Proteínas . . . . .9 g

Hidratos de carbono . . . . . .8 g

Azúcares . . . . .6 g

Grasas . . . . .12 g

Grasas saturadas . . . . .1 g

variación

Si lo desea puede sustituir el feta por mozzarella o fontina, y la menta por la misma cantidad de perejil fresco.

Estos calabacines rellenos, de delicado sabor, se deshacen en la boca. Son ideales tanto para vegetarianos como para no vegetarianos, ya que se pueden asar en las brasas de la barbacoa y con ello evitar cualquier contacto con la carne de la parrilla.

INGREDIENTES

1 manojo pequeño de menta fresca

8 calabacines

1 cucharada de aceite de oliva

y un poco más para untar

115 g de queso feta cortado en tiras

pimienta

sugerencia

Use unas pinzas largas para depositar los paquetitos sobre las brasas y retirarlos una vez asados. Tenga cuidado al abrirlos, porque estarán muy calientes.

1 Precaliente la barbacoa. Con un cuchillo afilado pique bien fina 1 cucharada de menta. Resérvela hasta que la necesite. Recorte 8 rectángulos de papel de aluminio, lo suficientemente grandes como para que quepa un calabacín, y úntelos ligeramente con aceite de oliva. Corte los calabacines a lo largo sin llegar a abrirlos del todo y colóquelos en los rectángulos de papel de aluminio.

2 Inserte las tiras de queso feta en las incisiones de los calabacines y rocíelos con aceite de oliva, esparza por encima la menta picada reservada, y sazónelos al gusto con pimienta. Envuelva bien los calabacines con el papel de aluminio y selle los bordes para que queden lo más herméticos posible.

3 Ase los paquetitos de calabacines en las brasas de la barbacoa unos 30 minutos. Con cuidado desenvuelva los calabacines y sírvalos inmediatamente.

brochetas de queso y cebolla roja

para 4 personas   **preparación: 10 min**
+ 2 h de maceración   **cocción: 10-15 min**

Las cebollas rojas tienen un sabor suave y dulce, y mantienen su atractivo color una vez asadas. Las hemos preparado con manzana y queso salado para conseguir una magnífica combinación.

INGREDIENTES

3 cebollas rojas

450 g de queso haloumi cortado en
dados de 2,5 cm

2 manzanas ácidas sin corazón y
cortadas en gajos

4 cucharadas de aceite de oliva

1 cucharada de vinagre de sidra

1 cucharada de mostaza de Dijon

1 diente de ajo picado fino

1 cucharadita de salvia picada fina

sal y pimienta

INFORMACIÓN NUTRICIONAL

Valor energético . . . . .449 kcal

Proteínas . . . . .21 g

Hidratos de carbono . . . . .16 g

Azúcares . . . . .13 g

Grasas . . . . .34 g

Grasas saturadas . . . . .2 g

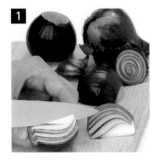

variación

También puede servir estas brochetas con Salsa de mostaza suave (*véase* pág. 13) o incluso con Salsa agridulce (*véase* pág. 87).

1 Corte las cebollas en gajos y póngalas en una fuente grande, llana y no metálica con el queso y la manzana. Mezcle el aceite con el vinagre, la mostaza, el ajo y la salvia en una salsera y salpimente al gusto.

2 Vierta el adobo sobre la cebolla, el queso y la manzana, removiendo para recubrirlas. Cúbralas con film transparente y déjelas macerar en la nevera 2 horas.

3 Precaliente la barbacoa. Escurra la cebolla, el queso y la manzana, reservando el adobo. Ensarte luego la cebolla, el queso y la manzana alternados en varias brochetas metálicas. Áselas a temperatura alta durante unos 10-15 minutos dándoles la vuelta y untándolas frecuentemente con el adobo. Páselas a una fuente grande y sírvalas inmediatamente.

hamburguesas de champiñones

cocción: 20 min

**preparación: 25 min
+ 1 h en la nevera**

para 4 personas

*Las hamburguesas vegetales caseras, igual que las de carne,
son mucho más sabrosas y a menudo más saludables que
las compradas ya preparadas.*

INFORMACIÓN NUTRICIONAL

Valor energético . . . . .164 kcal

Proteínas . . . . .7 g

Hidratos de carbono . . . . .24 g

Azúcares . . . . .4 g

Grasas . . . . .5 g

Grasas saturadas . . . . .1 g

INGREDIENTES

115 g de champiñones

2 cucharaditas de aceite de girasol,
y un poco más para untar

1 zanahoria

1 cebolla

1 calabacín

25 g de cacahuetes

115 g de pan rallado

1 cucharada de perejil fresco picado

1 cucharadita de extracto de levadura

sal y pimienta

1 cucharada de harina para espolvorear

variación

Puede utilizar otros frutos
secos, como anacardos,
avellanas o incluso una
mezcla de avellanas y
pistachos.

1 Con un cuchillo afilado
pique los champiñones
bien finos; a continuación,
la zanahoria, la cebolla y
el calabacín, y resérvelos.
Caliente el aceite en una
sartén de base gruesa y sofría
los champiñones, sin dejar de
remover, 8 minutos o hasta
que se haya evaporado toda
su agua. Con una espumadera
páselos a un cuenco grande.

2 Pique la zanahoria, la
cebolla, el calabacín y
los cacahuetes en una picadora
hasta que estén bien finos.
Páselos al cuenco y añada el
pan rallado, el perejil picado
y el extracto de levadura.
Salpimente al gusto.
Espolvoréese un poco las
manos con harina y haga
4 hamburguesas. Póngalas en
una fuente grande, cubiertas

con film transparente y
déjelas enfriar en la nevera
como mínimo 1 hora y como
máximo 1 día.

3 Precaliente la barbacoa.
Unte las hamburguesas
con el aceite de girasol y
áselas a temperatura alta
8-10 minutos. Sírvalas.

brochetas vegetarianas

cocción: 8-10 min

preparación: 20 min

para 4 personas

variación

Puede preparar unas brochetas exclusivamente vegetarianas, sin el tofu y con trozos de berenjena y calabacín, y tiras de pimiento rojo.

La mejor característica del tofu, aparte de las muchas proteínas que contiene, es que absorbe fácilmente los sabores, en este caso el de un glaseado de mostaza y miel.

INGREDIENTES

2 calabacines

1 pimiento amarillo sin semillas y cuarteado

225 g de tofu consistente (peso escurrido)

4 tomates cereza

4 cebollitas

8 champiñones pequeños

GLASEADO DE MIEL

2 cucharadas de aceite de oliva

1 cucharada de mostaza de Meaux

1 cucharada de miel fluida

sal y pimienta

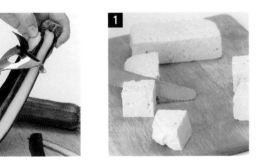

sugerencia

La mostaza de Meaux se elabora con granos de mostaza negra machacados y vinagre. Suele ser bastante picante y la encontrará en grandes supermercados. Si no fuera así, emplee mostaza de Dijon.

1 Precaliente la barbacoa. Con un pelapatatas saque unas tiras de piel de los calabacines para que se alterne el verde y el amarillo. Corte cada calabacín en 8 rodajas gruesas. Corte los cuartos de pimiento por la mitad y el tofu escurrido en dados de 2,5 cm.

2 Ensarte los trozos de pimiento, las rodajas de calabacín, los dados de tofu, los tomates cereza, las cebollitas y los champiñones en 4 brochetas metálicas. Para hacer el glaseado, mezcle el aceite de oliva con la mostaza y la miel en una salsera y salpiméntelo.

3 Unte las brochetas con el glaseado de miel y áselas a temperatura media durante unos 8-10 minutos, dándoles la vuelta y untándolas con frecuencia con el glaseado. Sírvalas inmediatamente.

parrillada de verduras

para 4 personas   **preparación: 25 min**
+ **1 h de maceración**   **cocción: 30 min**

*Esta maravillosa barbacoa vegetariana contiene gran
variedad de verduras y hortalizas. También puede servirlas
como guarnición para carnes o pescados.*

INGREDIENTES

2 cebollas rojas

2 cebollas blancas

2 bulbos de hinojo

6 mazorquitas de maíz

12 tomates cereza

4 cucharadas de aceite de oliva

1 cucharada de zumo de limón

3 dientes de ajo picados finos

2 cucharadas de mejorana fresca picada

sal y pimienta

1 pimiento verde

1 pimiento amarillo

1 pimiento naranja

1 pimiento rojo

1 cucharada de aceite de girasol

mayonesa al limón (*véase* pág. 13),
para servir

INFORMACIÓN NUTRICIONAL

Valor energético . . . . .194 kcal

Proteínas . . . . .4 g

Hidratos de carbono . . . . .13 g

Azúcares . . . . .10 g

Grasas . . . . .15 g

Grasas saturadas . . . . .2 g

variación

Si lo prefiere, sustituya la Mayonesa
al limón por Mayonesa corriente
(*véase* pág. 13) o pruebe con un
Pesto cremoso (*véase* pág. 130).

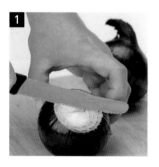

sugerencia

Cuando macere verduras no
es necesario que las guarde
en la nevera. Puede dejarlas
en un lugar fresco, cubiertas
con film transparente.

1 Con un cuchillo afilado
corte las cebollas por la
mitad y resérvelas hasta que
las necesite. Escalde el hinojo
y el maíz 2 minutos en una
cacerola grande con agua
hirviendo. Escúrralos,
refrésquelos bajo el chorro de
agua fría y vuélvalos a escurrir.
Corte el hinojo por la mitad y
póngalo en una fuente. Corte

las mazorquitas por la mitad
y añádalas a la fuente con los
tomates y la cebolla.

2 Mezcle el aceite con el
zumo de limón, el ajo
y la mejorana, y salpiméntelos.
Vierta el adobo sobre las
verduras, cúbralas con film
transparente y déjelas macerar
1 hora.

3 Precaliente la barbacoa.
Escurra las verduras y
reserve el adobo. Ensarte el
maíz y los tomates alternados
en brochetas de madera
previamente remojadas. Unte
los pimientos con aceite y
áselos a temperatura media
10 minutos, dándoles la
vuelta con frecuencia. Añada
la cebolla y el hinojo a la

barbacoa y áselos 5 minutos,
untándolos con el adobo.
Dele la vuelta a la cebolla y al
hinojo y úntelos con el adobo.
Añada las brochetas, úntelas
con adobo y áselas 10 minutos
dándoles la vuelta y untándolas
con frecuencia con más adobo.
Pase las verduras a una fuente
grande y sírvalas con la
mayonesa al limón.

verduras estivales en papillote

cocción: 25-30 min **preparación: 15 min** **para 4 personas**

Puede utilizar cualquier verdura fresca: la calabaza, las mazorquitas de maíz y los tomates cereza quedan muy atractivos y añaden color. Sírvalas con carne o pescado para un sustancioso plato principal.

INGREDIENTES

1 kg de verduras frescas variadas, como zanahorias, calabaza, mazorquitas de maíz, tomates, puerros, calabacines y cebollas, cortadas pequeñas

1 limón

115 g de mantequilla sin sal

3 cucharadas de hierbas frescas picadas, como perejil, tomillo y perifollo

2 dientes de ajo

sal y pimienta

variación

Si las verduras no son tiernas córtelas bien pequeñas: el calabacín y la zanahoria en bastoncitos, y la berenjena en trozos.

sugerencia

Recomendamos usar papel de aluminio de doble grosor para envolver los alimentos y evitar así que se rompan al darles la vuelta.

1 Precaliente la barbacoa. Recorte 4 cuadrados de 30 cm de papel de aluminio y reparta las verduras, equitativamente entre ellos.

2 Ralle la piel de limón bien fina con un rallador, exprima el zumo y resérvelo hasta que lo necesite. Mezcle la mantequilla con la ralladura de limón, las hierbas

y el ajo en una picadora hasta que quede homogénea, y salpimente. También puede mezclar todos los ingredientes en un bol.

3 Reparta uniformemente unos puntitos de mantequilla sobre las verduras. Doble el papel de aluminio para envolver las verduras, procurando que el envoltorio

quede bien sellado. Áselas a temperatura media durante 25-30 minutos, dándoles la vuelta de vez en cuando. Abra los envoltorios, rocíe las verduras con el zumo de limón reservado y sírvalas inmediatamente.

mazorcas de maíz con queso azul

para 6 personas   **preparación: 15 min**   **cocción: 15-20 min**

Las mazorcas de maíz quedan deliciosas asadas en la barbacoa. Prepárelas recién compradas, porque pierden rápidamente su dulzor al convertirse su azúcar natural en almidón.

INGREDIENTES

140 g de queso azul danés

140 g de cuajada

125 ml de yogur griego

sal y pimienta

6 mazorcas de maíz con su farfolla

INFORMACIÓN NUTRICIONAL

Valor energético	.....255 kcal
Proteínas	.............12 g
Hidratos de carbono	.....21 g
Azúcares	.............4 g
Grasas	.............14 g
Grasas saturadas	........8 g

sugerencia

Cuando compre mazorcas de maíz asegúrese de que sean lo más frescas posible, y escoja solamente las que tengan un penacho dorado y un peso considerable.

1 Precaliente la barbacoa. Desmenuce el queso azul y bátalo en una salsera con una cuchara de madera, hasta que esté cremoso. Añada la cuajada y siga batiendo. Poco a poco agregue el yogur griego y salpimente al gusto. Cúbralo con film transparente y déjelo enfriar en la nevera hasta que lo necesite.

2 Tire de la farfolla hacia atrás y retire las barbas de las mazorcas. Vuelva a colocar la farfolla en su sitio. Recorte 6 rectángulos de papel de aluminio, del tamaño suficiente para una mazorca. Envuélvalas con el papel de aluminio.

3 Ase las mazorcas a temperatura alta durante unos 15-20 minutos, dándoles la vuelta con frecuencia. Desenvuelva las mazorcas y deseche el papel de aluminio. Retire la farfolla de un lado de cada mazorca y recórtela con un cuchillo afilado o unas tijeras de cocina. Sirva el maíz inmediatamente con la salsa de queso azul.

verduras al estilo cajun

cocción: 12-15 min   **preparación: 10 min**   **para 4 personas**

Estas especiadas verduras serían el acompañamiento perfecto del Pollo tostado (véase pág. 71) y también quedarían muy bien con la Lubina a la caribeña (véase pág. 20).

INFORMACIÓN NUTRICIONAL

Valor energético . . . . .244 kcal

Proteínas . . . . .5 g

Hidratos de carbono . . . . .41 g

Azúcares . . . . .8 g

Grasas . . . . .8 g

Grasas saturadas . . . . . . .4 g

INGREDIENTES

4 mazorcas de maíz

2 boniatos

25 g de mantequilla derretida

MEZCLA DE ESPECIAS

2 cucharaditas de pimentón

1 cucharadita de comino molido

1 cucharadita de cilantro molido

1 cucharadita de pimienta negra molida

½-1 cucharadita de guindilla molida

sugerencia

La carne de los boniatos varía de color, del blanco al naranja Las variedades anaranjadas no sólo resultan más atractivas, sino que también son más nutritivas.

1 Precaliente la barbacoa. Para hacer la mezcla de especias, combine todos los ingredientes en un bol pequeño.

2 Retire las farfollas y las barbas de las mazorcas y córtelas en 4 trozos iguales. Corte los boniatos en rodajas gruesas. Unte los trozos de maíz y de boniato con mantequilla derretida y espolvoréelos con un poco de mezcla de especias.

3 Ase el maíz y el boniato a temperatura media durante 12-15 minutos, dándoles la vuelta con frecuencia. Úntelos con un poco más de mantequilla derretida y espolvoréelos con las especias mientras se asan. Pase el maíz y el boniato a una fuente grande y sírvalos inmediatamente.

rollitos de berenjena y boniato

para 4-6 personas   **preparación: 15 min** ⏲   **cocción: 45-50 min** ⏱

Cocidos parcialmente con anterioridad, estos atractivos rollitos con un sabroso relleno se asan envueltos en papillote.

INGREDIENTES

450 g de boniatos

sal y pimienta negra

4 cebolletas picadas

175 g de queso gruyer cortado
en dados

1 pimiento rojo sin semillas y picado

1 diente de ajo machacado

1 cucharadita de tomillo fresco picado

25 g de harina

1½ cucharaditas de pimentón

1½ cucharaditas de curry molido

1½ cucharaditas de sal de apio

1 cucharadita de azúcar lustre

1 cucharada de ajo deshidratado

4 berenjenas grandes

3 cucharadas de aceite de oliva
y un poco más para untar

INFORMACIÓN NUTRICIONAL

Valor energético . . . . .452 kcal

Proteínas . . . . .17 g

Hidratos de carbono . . . . .39 g

Azúcares . . . . .16 g

Grasas . . . . .27 g

Grasas saturadas . . . . . . .11 g

variación

Esta receta también quedaría bien con queso emmental. Si lo prefiere, sustituya la misma cantidad de gruyer por emmental.

sugerencia

Al salar la berenjena evitamos que absorba demasiado aceite durante la fritura. Espolvoree las rodajas con sal y déjelas reposar 30 minutos. Aclárelas con agua y séquelas con papel de cocina.

1 Precaliente la barbacoa. Hierva los boniatos en una cacerola con agua hirviendo salada, 20 minutos o hasta que estén tiernos. Escúrralos y déjelos entibiar. Pélelos y haga un puré fino en un cuenco con la ayuda de un tenedor. Añada la cebolleta, el queso, el pimiento rojo, el ajo y el tomillo, y salpimente al gusto.

2 Ponga la harina en un plato grande y agregue el pimentón, el curry en polvo, la sal de apio, el azúcar y el ajo deshidratado. Corte cada berenjena a lo largo en cuartos y espolvoréela con la harina sazonada. Caliente la mitad del aceite de oliva en una sartén grande de base gruesa. Fría las tiras de berenjena en tandas hasta que estén doradas, añadiendo más aceite a medida que sea necesario. Retírelas con una espumadera y déjelas entibiar.

3 Deposite 1 cucharada de mezcla de boniato sobre cada tira de berenjena y enróllela. Luego recorte 4 cuadrados de 30 cm de papel de aluminio y úntelos con aceite. Ponga 4 rollitos de berenjena en cada cuadrado y envuélvalos. A continuación, áselos a temperatura media durante 25-30 minutos, dándoles la vuelta de vez en cuando. Abra los envoltorios y pase los rollitos a una fuente grande. Sírvalos inmediatamente.

brochetas indias

⏱ **cocción: 10-12 min**　　　◔ **preparación: 15 min**　　　**para 4 personas**

INFORMACIÓN NUTRICIONAL

Valor energético . . . . .160 kcal

Proteínas . . . . .7 g

Hidratos de carbono . . . . .22 g

Azúcares . . . . .22 g

Grasas . . . . .6 g

Grasas saturadas . . . . .1 g

variación

Sustituya la coliflor por brécol
y el pimiento naranja por uno
rojo o verde.

*Esta combinación de verdura, fruta y queso, tan sólo necesita una
ensalada para convertirse en una completa comida vegetariana.*

INGREDIENTES

175 g de *paneer*

8 tomates cereza

1 pimiento naranja sin semillas
y troceado

8 ramitos de coliflor

3 rodajas de piña cortadas en cuartos

1 mango pelado, deshuesado y cortado
en dados

GLASEADO

2 cucharadas de zumo de lima

2 cucharadas de salsa de guindilla

1 cucharada de aceite vegetal

1 cucharada de miel fluida

1 cucharada de agua

una pizca de comino molido

sal y pimienta

sugerencia

El *paneer* es un queso indio
cremoso que se elabora
cuajando la leche con zumo de
limón, antes de colarla y darle
forma plana. Lo encontrará en
colmados indios, pero también
podría sustituirlo por tofu.

1 Precaliente la barbacoa.
Ponga luego todos los
ingredientes del glaseado en
un bol pequeño y salpimente
al gusto. Bátalo con unas
varillas hasta que el glaseado
quede homogéneo. Resérvelo
hasta que lo necesite.

2 Con un cuchillo afilado
corte el *paneer* en
dados de 2,5 cm. Ensarte los
tomates, los ramitos de coliflor,
los trozos de pimiento, los
trozos de piña, los dados
de mango y de *paneer* en
4 brochetas metálicas largas.

3 Unte las brochetas
con el glaseado y áselas
durante unos 10-12 minutos
a temperatura media, dándoles
la vuelta y untándolas con
frecuencia con el glaseado.
Sírvalas inmediatamente.

brochetas de ciruela, albaricoque y cebolla

para 4 personas　　**preparación: 15 min** 　　**cocción: 25 min**

Estas sabrosas brochetas afrutadas quedarían muy bien con chuletas de cerdo, pechuga de pato, filetes o brochetas de cordero, ya que contrastan con el suculento sabor de la carne.

INGREDIENTES

500 g de cebollitas

175 g de ciruelas pasa deshuesadas

225 g de orejones de albaricoque

1 rama de canela de 5 cm

225 ml de vino blanco

2 cucharadas de salsa de guindilla

2 cucharadas de aceite de girasol

INFORMACIÓN NUTRICIONAL

Valor energético . . . . .292 kcal

Proteínas . . . . .5 g

Hidratos de carbono . . . . .48 g

Azúcares . . . . .45 g

Grasas . . . . .6 g

Grasas saturadas . . . . .1 g

sugerencia

A veces las cebollitas también se conocen como perlas de cebolla, y tienen un delicado sabor dulce. Si no las encuentra, utilice chalotes o 1 cebolla blanca cortada en gajos.

1 Corte la parte superior de las cebollas y luego pélelas. Resérvelas hasta que las necesite. Ponga las ciruelas pasa, los orejones, la canela y el vino en un cazo de base gruesa, y llévelos a ebullición. Baje la temperatura y cuézalos a fuego lento 5 minutos. Escúrralos, reserve el líquido de cocción y espere a que la fruta se entibie.

2 Vuelva a poner el líquido de cocción y la rama de canela en el cazo, lleve a ebullición y deje que hierva hasta que se haya reducido a la mitad. Retire el cazo del fuego y deseche la rama de canela. Añada la salsa de guindilla y el aceite.

3 Ensarte las ciruelas, los albaricoques y las cebollitas en varias brochetas. Áselas a temperatura media 10 minutos, dándoles la vuelta y untándolas con frecuencia con el adobo. Sírvalas inmediatamente.

berenjenas con tzatziki

⏱ **cocción: 10 min**   ◔ **preparación: 15 minutos**   **para 4 personas**

Un delicioso primer plato para una barbacoa o como parte de unos entrantes vegetarianos, con unos Tomates rellenos (véase pág. 132), o unos Calabacines rellenos de queso (véase pág. 136).

INFORMACIÓN NUTRICIONAL

Valor energético . . . . .137 kcal

Proteínas . . . . .5 g

Hidratos de carbono . . . . . .5 g

Azúcares . . . . .5 g

Grasas . . . . .11 g

Grasas saturadas . . . . .4 g

INGREDIENTES

2 cucharadas de aceite de oliva

sal y pimienta

2 berenjenas en rodajitas finas

TZATZIKI

½ pepino

200 ml de yogur griego

4 cebolletas picadas finas

1 diente de ajo picado fino

3 cucharadas de menta fresca picada fina

sal y pimienta

1 ramita de menta fresca, para decorar

sugerencia

Puede preparar otra salsa mezclando 300 ml de crema agria con 2 dientes de ajo machacados. Salpimente y guárdela en la nevera hasta la hora de servirla.

1 Precaliente la barbacoa. Para hacer el *tzatziki*, pique el pepino bien fino. Ponga el yogur en un bol y bátalo hasta que esté suave. Incorpore el pepino, la cebolleta, el ajo y la menta fresca. Salpimente. Páselo a un bol, cúbralo con film transparente y déjelo enfriar en la nevera hasta que lo necesite.

2 Salpimente el aceite de oliva y a continuación, unte las rodajas de berenjena con el aceite.

3 Ase las berenjenas a temperatura alta 5 minutos por cada lado, untándolas con más aceite si fuera necesario. Páselas a una fuente grande y sírvalas inmediatamente con el *tzatziki*, adornadas con una ramita de menta fresca.

ensalada de arroz tropical

para 4 personas   **preparación: 20 min** ⏲   **cocción: 15 min** ⏲

Las ensaladas de arroz siempre gustan a todo el mundo. Esta vistosa y afrutada mezcla queda perfecta con ternera o pollo a la barbacoa.

INGREDIENTES

115 g de arroz de grano largo

sal y pimienta

4 cebolletas

225 g de trozos de piña enlatada en su jugo natural

200 g de maíz enlatado escurrido

2 pimientos rojos sin semillas y cortados en dados

3 cucharadas de pasas de Corinto

ALIÑO

1 cucharada de aceite de cacahuete

1 cucharada de aceite de avellana

1 cucharada de salsa de soja clara

1 diente de ajo picado fino

1 cucharadita de jengibre fresco picado

INFORMACIÓN NUTRICIONAL

Valor energético . . . . .300 kcal

Proteínas . . . . .5 g

Hidratos de carbono . . . . .57 g

Azúcares . . . . .26 g

Grasas . . . . .7 g

Grasas saturadas . . . . .1 g

variación

Pruebe otros aceites con sabores, como el de nuez o el de sésamo. También puede sustituir el de cacahuete por aceite de girasol.

sugerencia

Antes de cocer arroz de grano largo, lávelo bien bajo el chorro de agua fría para eliminar las impurezas. Una vez cocido, es importante enjuagarlo de nuevo para eliminar el exceso de almidón.

1 Cueza el arroz en un cazo grande con agua hirviendo ligeramente salada, 15 minutos o hasta que esté tierno. Escúrralo bien y enjuáguelo bajo el chorro de agua fría. Póngalo en un cuenco de servir grande.

2 Con un cuchillo afilado pique las cebolletas bien finas. Escurra los trozos de piña y reserve el jugo en una salsera. Añada la piña, el maíz, el pimiento rojo, la cebolleta y las pasas al arroz y mézclelo todo con suavidad.

3 Añada todos los ingredientes del aliño al jugo de piña reservado, batiendo bien, y sazone con sal y pimienta. Aliñe la ensalada y remueva para que quede bien impregnada. Sírvala inmediatamente.

taboulé

para 4 personas **preparación: 10 min** 🕐
+ 1 h 30 min de maceración

cocción: 0 min 🕐

Ensalada de Oriente Próximo que cada vez está más de moda. Es un clásico con el cordero, pero combina bien con cualquier carne.

INGREDIENTES

175 g de trigo bulgur

3 cucharadas de aceite de oliva extra virgen

4 cucharadas de zumo de limón

sal y pimienta

4 cebolletas

1 pimiento verde sin semillas y en tiras

4 tomates picados

2 cucharadas de perejil fresco picado

2 cucharadas de menta fresca picada

8 aceitunas negras deshuesadas

ramitas de menta fresca, para decorar

INFORMACIÓN NUTRICIONAL

Valor energético . . . . .265 kcal

Proteínas . . . . .6 g

Hidratos de carbono . . . . .37 g

Azúcares . . . . .4 g

Grasas . . . . .11 g

Grasas saturadas . . . . . . .2 g

---

variación

Use diferentes tipos de tomates frescos: pruebe con los maduros en rama, de sabor dulce y delicado, o tomates cereza cortados por la mitad.

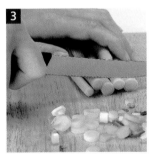

sugerencia

Los granos del trigo bulgur se han abierto al hervirlos, así que están parcialmente cocidos y sólo precisan rehidratación. No prepare esta ensalada con demasiada antelación o quedará reblandecida.

1 Ponga el trigo bulgur en un cuenco grande y cúbralo con agua fría. Déjelo reposar 30 minutos o hasta que haya doblado su tamaño. Escúrralo bien y quítele todo el líquido posible. Extiéndalo sobre papel de cocina para secarlo.

2 Ponga el trigo en una ensaladera. Mezcle el aceite de oliva con el zumo de limón en una salsera y salpiméntelo. Vierta el aliño sobre el trigo y déjelo macerar 1 hora.

3 Con un cuchillo afilado pique las cebolletas bien finas e incorpórelas a la ensalada con el pimiento verde, el tomate, el perejil y la menta. Remueva con suavidad para mezclar los ingredientes, termine la ensalada con las aceitunas y adórnela con unas ramitas de menta fresca. Sírvala.

ensalada de pasta con queso y nueces

para 4 personas **preparación: 15 min**   **cocción: 10-15 min**

Sustanciosa ensalada ideal para servir en una barbacoa. Es mucho más que una simple ensalada de pasta, pues lleva una vistosa mezcla de hojas para ensalada con queso y nueces.

INGREDIENTES

225 g de espirales

sal y pimienta

225 g de queso dolcelatte

100 g de hojas para ensalada variadas, como lechuga de hoja de roble, *lollo rosso*, espinacas tiernas, ruqueta y canónigo

115 g de nueces peladas

4 cucharadas de aceite de girasol

2 cucharadas de aceite de nuez

2 cucharadas de vinagre de vino tinto

INFORMACIÓN NUTRICIONAL

Valor energético . . . . .759 kcal

Proteínas . . . . .17 g

Hidratos de carbono . . . . .43 g

Azúcares . . . . .3 g

Grasas . . . . .56 g

Grasas saturadas . . . . .17 g

sugerencia

Puede sustituir el dolcelatte por otro queso de sabor fuerte, como el stilton, queso de cabra o incluso feta, si lo prefiere.

1 Cueza la pasta en una cacerola grande con agua hirviendo ligeramente salada, 8-10 minutos o hasta que esté *al dente*. Escúrrala, pásela por el chorro de agua fría y vuelva a escurrirla.

2 Con un cuchillo afilado corte el dolcelatte en dados. Ponga las hojas de ensalada en una ensaladera grande y añada la pasta cocida. Reparta los dados de queso por encima.

3 Precaliente el grill a temperatura media. Ponga las mitades de nuez en una bandeja grande para el horno y áselas bajo el grill unos minutos, hasta que estén ligeramente tostadas. Espere a que se entibien. Mezcle el aceite de girasol, con el de nuez y el vinagre en una salsera y salpimente. Aliñe la ensalada, remueva ligeramente y adorne con las nueces tostadas por encima.

ensalada verde y roja

cocción: 5 min　　　**preparación: 10 min**　　　**para 4 personas**

La remolacha y la naranja es una combinación clásica, y en esta receta las mezclamos con hojas de espinaca tierna para hacer una ensalada caliente, vistosa y espectacular.

INFORMACIÓN NUTRICIONAL

Valor energético . . . . .173 kcal

Proteínas . . . . .5 g

Hidratos de carbono . . . . .20 g

Azúcares . . . . .18 g

Grasas . . . . .9 g

Grasas saturadas . . . . .1 g

INGREDIENTES

650 g de remolacha cocida

3 cucharadas de aceite de oliva
virgen extra

el zumo de 1 naranja

1 cucharadita de azúcar lustre

1 cucharadita de semillas de hinojo

sal y pimienta

115 g de hojas frescas de espinaca
tierna

sugerencia

Para cocer la remolacha, recorte las hojas y lávela. Cuézala en una cacerola con agua salada 1 hora o hasta que esté tierna. Escúrrala y déjela entibiar. Pélela y recórtele los extremos.

1 Con un cuchillo afilado corte la remolacha cocida en dados y resérvelos hasta que los necesite. Caliente el aceite de oliva en un cazo de base gruesa. Agregue el zumo de naranja, el azúcar y las semillas de hinojo y salpimente. Remueva constantemente hasta que el azúcar se haya disuelto.

2 Añada los dados de remolacha reservados al cazo y remueva con suavidad. Retire el cazo del fuego.

3 Disponga las hojas de espinaca en una ensaladera grande. Ponga cucharadas de remolacha caliente por encima y sirva la ensalada inmediatamente.

postres

Asar el postre en la barbacoa no es muy habitual, quizá porque todo el mundo ya está harto de comida a la parrilla y el cocinero está cansado de estar entre tizones y salsas. Es una lástima porque muchas frutas adquieren un nuevo carácter hechas a la brasa y se pueden conseguir postres fabulosos.

Una segunda barbacoa iría bien para preparar los postres. La mayoría se asan muy rápidamente, así que una económica barbacoa desechable sería la solución perfecta para recetas como la Piña tropical (véase pág. 162) o la Fruta a la canela con salsa de chocolate (véase pág. 170). También puede elegir una de las recetas, como las Manzanas al coco (véase pág. 166), donde la fruta se asa envuelta en papel de aluminio.

Si se siente acalorado y cansado de cocinar en la barbacoa, convenza a algún familiar para que se encargue de asar el postre. Muchos de ellos quedan mejor macerados, así que puede prepararlos con antelación y dejar que otra persona se encargue de asarlos.

¿Ha pensado alguna vez en servir un postre a la barbacoa como colofón de otro tipo de comida? Si invita a unos amigos a un almuerzo al aire libre con platos fríos que habrá preparado con antelación, la barbacoa se podría ir calentando mientras se comen el plato principal y después podría asar un delicioso y original postre.

piña tropical

cocción: 6-8 min

preparación: 15 min

para 4 personas

INFORMACIÓN NUTRICIONAL

Valor energético . . . . .206 kcal

Proteínas . . . . .1 g

Hidratos de carbono . . . . .20 g

Azúcares . . . . .20 g

Grasas . . . . .12 g

Grasas saturadas . . . . . . .7 g

variación

Si lo prefiere, puede cortar la piña en dados o cuartos, y ensartarla en brochetas antes de untarla con la mezcla de ron y asarla.

El delicioso aroma de la piña fresca y del ron mientras este suculento postre se va asando le transportará a una playa caribeña. El jengibre molido le da un toque especiado.

INGREDIENTES

1 piña

3 cucharadas de ron de caña

2 cucharadas de azúcar mascabada

1 cucharadita de jengibre molido

4 cucharadas de mantequilla sin sal

derretida

sugerencia

A ser posible use una parrilla distinta, o incluso otra barbacoa, para asar la piña. Utilice unas pinzas largas para darles la vuelta a las rodajas de piña durante la cocción.

1 Precaliente la barbacoa. Con un cuchillo afilado rebane el penacho de la piña, y después córtela en rodajas de 2 cm de grosor. Quítele la piel y los ojos con la punta de un cuchillo. Retire la parte central más dura con un vaciador de manzanas o con un cortapastas pequeño.

2 Mezcle el ron con el azúcar, el jengibre y la mantequilla en una salsera, removiendo constantemente, hasta que el azúcar se haya disuelto. Unte las rodajas de piña con la mezcla de ron.

3 Ase las rodajas de piña a temperatura alta 3-4 minutos por cada lado. Páselas a platos individuales y sírvalas inmediatamente con el resto de la mezcla de ron vertida por encima.

fruta caramelizada

para 4 personas　　　**preparación: 15 min** ⏱ **+ 1 h de maceración**　　　**cocción: 5 min** ⏱

Es bastante inusual incluir fresas frescas en una macedonia caliente, pero le sorprenderá su estupendo aspecto y sabor.

INGREDIENTES

150 ml de jerez semiseco

115 g de azúcar lustre

4 melocotones

1 melón *ogen* o *cantaloupe* partido por la mitad y sin pepitas

225 g de fresas

INFORMACIÓN NUTRICIONAL

Valor energético	.234 kcal
Proteínas	.2 g
Hidratos de carbono	.49 g
Azúcares	.49 g
Grasas	.0 g
Grasas saturadas	.0 g

sugerencia

Escoja fresas grandes y maduras para este plato. No les quite el rabillo y no olvide darles la vuelta con frecuencia para evitar que se quemen.

1 Mezcle el jerez con el azúcar en un cuenco grande, removiendo constantemente hasta que el azúcar se haya disuelto.

2 Corte los melocotones por la mitad, quíteles los huesos y póngalos en un bol cubiertos con agua hirviendo. Espere unos

15-20 segundos, retírelos con una espumadera y pélelos. Corte las mitades de melón en gajos y retíreles la cáscara. Añada los gajos de melón, las mitades de melocotón y las fresas a la mezcla del jerez, moviendo con suavidad el cuenco para recubrir la fruta. Cubra y deje macerar en la nevera 1 hora.

3 Precaliente la barbacoa. Escurra bien la fruta y reserve el adobo. Ase el melón y los melocotones durante 3 minutos a temperatura alta; a continuación, incorpore las fresas y continúe con la cocción 2 minutos más. Dele la vuelta a la fruta y úntela con frecuencia con el adobo reservado. Sírvala.

melocotón melba especial

cocción: 3-5 min

preparación: 15 min + 1 h de maceración

para 4 personas

La elegante sencillez de este suculento dulce de fruta lo convierte en el postre perfecto para una barbacoa especial.

INFORMACIÓN NUTRICIONAL

Valor energético . . . . .480 kcal

Proteínas . . . . .8 g

Hidratos de carbono . . . . .83 g

Azúcares . . . . .79 g

Grasas . . . . .15 g

Grasas saturadas . . . . .10 g

INGREDIENTES

2 melocotones grandes pelados, partidos por la mitad y deshuesados

1 cucharada de azúcar moreno

1 cucharada de amaretto

450 g de frambuesas frescas y unas cuantas más para decorar

115 g de azúcar glas

600 ml de helado de vainilla

sugerencia

Para obtener un óptimo resultado, saque el helado del congelador 20 minutos antes de servirlo y déjelo en la nevera. De este manera se ablandará ligeramente y será más fácil servirlo.

1 Ponga las mitades de melocotón en una fuente grande y llana, con el azúcar moreno y el amaretto por encima. Cúbralas con film transparente y déjelas macerar 1 hora.

2 Presionando con el dorso de una cuchara pase las frambuesas por un colador fino, sobre un bol.

Deseche la pulpa que quede en el colador. Incorpore el azúcar glas a la salsa de frambuesas. Cubra el bol con film transparente y déjelo enfriar en la nevera hasta que lo necesite.

3 Precaliente la barbacoa. Escurra las mitades de melocotón y reserve el adobo. Áselas a temperatura alta durante 3-5 minutos dándoles

la vuelta y untándolas con frecuencia con el adobo reservado. Para servir, ponga 2 cucharadas de helado en cada uno de los 4 vasos, con una mitad de melocotón y la salsa de frambuesas por encima. Sírvalo.

manzanas al coco

para 4 personas   **preparación: 10 min** ⏱   **cocción: 15-20 min** ⏱

Ésta es una versión para la barbacoa de las bien conocidas manzanas asadas, pero en lugar de estar rellenas de frutos secos, llevan unas capas de mermelada y coco.

INGREDIENTES

2 cucharaditas de mantequilla sin sal

4 cucharadas de mermelada de manzana con jengibre

115 g de coco rallado

1 pizca de canela molida

4 manzanas para asar

nata espesa o helado, para servir (opcional)

INFORMACIÓN NUTRICIONAL

Valor energético . . . . .312 kcal

Proteínas . . . . .2 g

Hidratos de carbono . . . . .32 g

Azúcares . . . . .32 g

Grasas . . . . .20 g

Grasas saturadas . . . . .17 g

variación

Puede sustituir las manzanas por peras grandes y consistentes, y emplear mermeladas de otros sabores, por ejemplo de albaricoque.

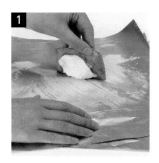

sugerencia

Encontrará coco rallado en la mayoría de los grandes supermercados y tiendas especializadas. Guárdelo en un recipiente hermético y no tarde en utilizarlo.

1 Precaliente la barbacoa. Recorte 4 cuadrados de papel de aluminio, del tamaño suficiente para que quepa 1 manzana, y úntelos un poco con la mantequilla. Mezcle la mermelada de manzana y jengibre con el coco en un bol pequeño, y añádale la canela al gusto.

2 Quíteles el corazón a las manzanas, pero no las pele. Córtelas horizontalmente en 3 rodajas. Extienda el relleno preparado entre las rodajas y vuelva a montar las manzanas ayudándose con una cuchara. Colóquelas sobre una lámina de papel de aluminio y envuélvalas bien.

3 Ase las manzanas a temperatura alta 15-20 minutos. Sírvalas inmediatamente con nata espesa o helado, si lo prefiere.

brochetas de fruta variada

para 4 personas   **preparación: 20 min** ⟲ **+ 1 h de maceración**   **cocción: 5-7 min** ⟳

Puede utilizar cualquier tipo de fruta consistente para estas vistosas, rápidas y fáciles brochetas. No se olvide de dejar antes las brochetas de madera en remojo para evitar que se quemen.

INGREDIENTES

2 nectarinas partidas por la mitad y deshuesadas

2 kiwis

4 ciruelas rojas

1 mango pelado, partido por la mitad y deshuesado

2 plátanos pelados y cortados en rodajas gruesas

8 fresas sin el rabillo

1 cucharada de miel fluida

3 cucharadas de cointreau

INFORMACIÓN NUTRICIONAL

Valor energético . . . . .185 kcal

Proteínas . . . . .3 g

Hidratos de carbono . . . . .38 g

Azúcares . . . . .37 g

Grasas . . . . .1 g

Grasas saturadas . . . . .0 g

sugerencia

Si prepara estas brochetas para los niños, sustituya el cointreau por zumo de naranja. Quizá le resulte más fácil quitar la fruta asada de las brochetas antes de servirla.

1 Corte las mitades de nectarina de nuevo por la mitad y póngalas en una fuente grande y llana. Pele y corte en 4 trozos los kiwis. Corte las ciruelas por la mitad y quíteles el hueso. Corte el mango en trozos y añádalo a la fuente con el kiwi, la ciruela, el plátano y las fresas.

2 Mezcle bien la miel con el cointreau en una salsera. Viértalo sobre la fruta y mueva un poco la fuente para que quede bien recubierta. Cúbrala con film transparente y déjela macerar en la nevera durante 1 hora.

3 Precaliente la barbacoa. Escurra bien la fruta y reserve el adobo. Ensarte la fruta en varias brochetas de madera previamente remojadas y áselas a temperatura media 5-7 minutos, dándoles la vuelta y untándolas con frecuencia con el adobo reservado. Sirva las brochetas.

papillotes de fruta

cocción: 4 min   **preparación: 15 min**   **para 4 personas**

Si no tiene una barbacoa extra, asar la fruta en papillote es lo mejor, porque evitará que se impregne de sabores de otros platos que haya cocinado antes, y además queda muy jugosa.

INFORMACIÓN NUTRICIONAL

Valor energético . . . . .112 kcal

Proteínas . . . . .2 g

Hidratos de carbono . . . . .28 g

Azúcares . . . . .28 g

Grasas . . . . .0 g

Grasas saturadas . . . . . . .0 g

INGREDIENTES

2 naranjas

2 manzanas de postre

el zumo de 1 limón

2 peras

4 cucharaditas de azúcar mascabada

sugerencia

Rociar la fruta cortada, como peras o manzanas, con un poco de zumo de limón, evita que pierdan color y al mismo tiempo refuerza su sabor.

1 Precaliente la barbacoa. Pele las naranjas retirando toda la parte blanca. Córtelas a lo ancho en 6 rodajas. Quíteles el corazón a las manzanas, pero no las pele. Córtelas a lo ancho en 6 rodajas y rocíelas con el zumo de limón. Pele las peras, quíteles el corazón, córtelas en 6 rodajas horizontales y rocíelas con el zumo de limón.

2 Recorte 4 cuadrados grandes de papel de aluminio. Reparta las rodajas de fruta equitativamente entre los cuadrados de papel y espolvoree los montoncitos de futa con 1 cucharadita de azúcar. Envuelva bien la fruta con el papel de aluminio.

3 Ase los papillotes a temperatura media, unos 4 minutos. Sirva la fruta inmediatamente, sin sacarla de su envoltorio.

fruta a la canela con chocolate caliente

para 4 personas   **preparación: 10 min**    **cocción: 10 min**

Brochetas de fruta fresca untadas con mantequilla a la canela y servidas con una suculenta salsa de chocolate caliente.

INGREDIENTES

4 tajadas de piña fresca

2 kiwis pelados y cuarteados

12 fresas sin el rabillo

1 cucharada de mantequilla sin sal

1 cucharadita de canela molida

1 cucharada de zumo de naranja

SALSA

225 g de chocolate

25 g de mantequilla sin sal

125 g de azúcar lustre

125 ml de leche evaporada

1 cucharadita de esencia de vainilla

4 cucharadas de kahlúa

INFORMACIÓN NUTRICIONAL

Valor energético	. . . . .643 kcal
Proteínas	. . . . .6 g
Hidratos de carbono	. . . . .91 g
Azúcares	. . . . .88 g
Grasas	. . . . .29 g
Grasas saturadas	. . . . .17 g

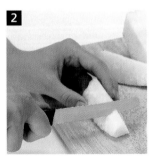

sugerencia

Siempre que pueda compre chocolate de la mejor calidad. Rómpalo en trozos más o menos del mismo tamaño para que se fundan a la vez.

1 Precaliente la barbacoa. Para hacer la salsa trocee el chocolate y derrítalo con la mantequilla en un cazo, a fuego suave. Agregue el azúcar y la leche evaporada, y siga removiendo hasta que el azúcar se haya disuelto y la salsa se haya espesado. Pásela a un bol refractario y déjela al lado de la barbacoa para mantenerla caliente.

2 Corte las tajadas de piña fresca en trozos. Ensarte los trozos de piña, de kiwi y las fresas enteras sin el rabillo, alternados en varias brochetas de madera, previamente remojadas. Mezcle la mantequilla con la canela y el zumo de naranja en un bol pequeño. Unte las brochetas de fruta con la mantequilla a la canela.

3 Ase las brochetas a temperatura alta 3-5 minutos o hasta que estén doradas, dándoles la vuelta y untándolas con la mantequilla que pueda quedar. Justo antes de servirlas, agregue la esencia de vainilla y el licor a la salsa de chocolate.

peras rellenas

cocción: 20 min   **preparación: 20 min**   **para 4 personas**

*Podemos espolvorear las fresas con un poco de pimienta para
realzar su sabor; también se puede hacer con otros tipos de fruta.*

INFORMACIÓN NUTRICIONAL

Valor energético . . . . .184 kcal

Proteínas . . . . .1 g

Hidratos de carbono . . . . .42 g

Azúcares . . . . .42 g

Grasas . . . . .3 g

Grasas saturadas . . . . . . .2 g

INGREDIENTES

**2 cucharaditas de mantequilla sin sal,
para engrasar**
4 peras consistentes
2 cucharadas de zumo de limón
4 cucharadas de almíbar de escaramujo
**1 cucharadita de pimienta negra en
grano, ligeramente machacada**
140 g de grosellas
4 cucharadas de azúcar lustre
helado, para servir

sugerencia

Compre las peras un poco
verdes y déjelas madurar a
temperatura ambiente. Una
de las mejores variedades es
la *conference*.

1 Precaliente la barbacoa.
Recorte 4 cuadrados de
papel de aluminio, del tamaño
suficiente para que quepan
las peras, y úntelos con la
mantequilla. Parta las peras
por la mitad y quíteles el
corazón, pero no las pele.
Rócíelas con zumo de limón.
Coloque 2 mitades de pera
sobre cada cuadrado de papel
de aluminio, úntelas con
el almíbar de escaramujo y
espolvoréelas con la pimienta.

2 Ponga las grosellas en
un bol y espolvoréelas
con el azúcar. Introduzca las
grosellas en las cavidades de
las peras. Envuélvalas bien con
el papel de aluminio.

3 Áselas a temperatura
alta 20 minutos.
Sírvalas inmediatamente con
el helado.

fruta a la brasa con sirope de arce

para 4 personas   **preparación: 20 min**   **cocción: 10 min**

Jugosa fruta fresca cubierta con salsa de sirope de arce
y asada en papillote en la barbacoa.

INGREDIENTES

1 papaya

1 mango pelado y deshuesado

2 plátanos

2 melocotones partidos por la mitad,

deshuesados y pelados

1 melón *ogen* o *cantaloup* partido por

la mitad y sin pepitas

115 g de mantequilla sin sal en dados

4 cucharadas de sirope de arce

1 pellizco de especias variadas molidas

INFORMACIÓN NUTRICIONAL

Valor energético . . . . .383 kcal
Proteínas . . . . .2 g
Hidratos de carbono . . . . .42 g
Azúcares . . . . .40 g
Grasas . . . . .24 g
Grasas saturadas . . . . .16 g

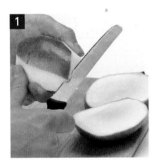

sugerencia

Aunque el sirope de arce es bastante caro, es preferible que lo utilice puro, ya que las variedades más económicas pueden estar mezcladas con otros tipos de jarabes.

1 Precaliente la barbacoa. Recorte 4 cuadrados grandes de papel de aluminio. Con un cuchillo afilado corte la papaya por la mitad, quítele las semillas y después corte las mitades en tajadas gruesas y pélalas. Corte el mango por la mitad, retire el hueso, pélelo y corte la pulpa en tajadas. Pele los plátanos por la mitad a lo largo. Corte las mitades de

melocotón en tajadas. Corte las mitades de melón en tajadas finas y retire la corteza. Reparta la fruta entre los cuadrados de papel de aluminio.

2 Ponga la mantequilla y el sirope de arce en una batidora y bátalos hasta formar una mezcla suave y homogénea. Reparta la mantequilla entre los papillotes

de fruta y espolvoree con un poco de especias molidas. Doble el papel y envuelva bien la fruta en sus envoltorios.

3 Áselos a temperatura media 10 minutos, dándoles la vuelta de vez en cuando. Retire la fruta del papel de aluminio y sírvala.

plátanos asados

cocción: 6-8 min **preparación: 10 min** **para 4 personas**

Los plátanos asados quedan especialmente dulces y deliciosos, y ya llevan su propio envoltorio protector.

INFORMACIÓN NUTRICIONAL

Valor energético	.284 kcal
Proteínas	.2 g
Hidratos de carbono	.41 g
Azúcares	.38 g
Grasas	.12 g
Grasas saturadas	.8 g

INGREDIENTES

3 cucharadas de mantequilla ablandada

2 cucharadas de ron de caña

1 cucharada de zumo de naranja

4 cucharadas de azúcar mascabada

1 pizca de canela molida

4 plátanos

ralladura de naranja, para decorar

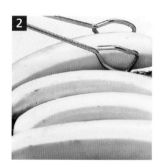

sugerencia

Puede asar los plátanos en papel de aluminio. Córtelos por la mitad a lo largo, sin pelarlos. Úntelos con mantequilla y móntelos de nuevo. Envuélvalos en papel de aluminio y áselos durante 5-10 minutos.

1 Precaliente la barbacoa. Bata la mantequilla con el ron, el zumo de naranja, el azúcar y la canela en un bol pequeño, hasta formar una mezcla suave y homogénea.

2 Coloque los plátanos, sin pelar, sobre el carbón caliente y áselos, 6-8 minutos dándoles la vuelta con frecuencia o hasta que la piel se haya ennegrecido.

3 Pase los plátanos a platos individuales, haga una incisión en la piel y atraviese parcialmente la pulpa longitudinalmente. Reparta la mantequilla entre los plátanos, decórelos con la ralladura de naranja y sírvalos.

A

accidentes 9
ácidas, Brochetas 59
adobos 4, 9-10, 13-14, 50, 88
    picante 55
agridulce, salsa 87
ajo, pan de 124
a la ginebra
    Chuletas de cordero 112
    con bayas de enebro, Cerdo 117
Albóndigas en pinchitos 118
alcohol 9, 12
alimentos
    intoxicación 8, 10
    tipos de 9-10
alimentos cocinados 9, 10
aliños 12
alioli 41
ancianas, personas 10
animales domésticos 9
arroz 4, 126
    Ensalada tropical de 154
asadas, patatas 4, 12
asador 11
atún 4, 10, 11
    a la brasa 29
    a la mexicana 30

B

bacalao 10
    fresco y tomate, Papillote de 25
barbacoas, tipos de 6-7
bebidas 12
beicon
    Brochetas de buey, cordero
     y beicon 98
    Koftas de 120
    Parrillada variada 123
    Trucha envuelta con 28
    Vieiras con 41
berenjenas
    Brochetas caribeñas 134
    Brochetas vegetales a la griega 129
    con tzatziki 153
    y boniato, Rollitos de 148
    Verduras a la brasa 130
berros, mantequilla con 92
besugo 39
boniatos
    Rollitos de berenjena y 148
    Verduras al estilo cajun 147

brasa, platos a la
    atún con salsa de guindilla 29
    Diablos 43
    verduras con pesto cremoso 130
brasero, barbacoas 6
brochetas 4, 8-9, 10, 12
    ácidas 59
    al estilo de Normandía 107
    caribeñas 134
    de buey, cordero y beicon 98
    de ciruela, albaricoque y cebolla
     152
    de fruta variada 168
    de pescado 10, 12
    de pescado a la caribeña 16
    de queso y cebolla roja 138
    fabulosas 124
    Fruta a la canela con chocolate
    caliente 170
    indias 151
    indonesias de buey 101
    jamaicanas 56
    Koftas de beicon 120
    mar y montaña 49
    Pinchos morunos 108
    tipos de 9
    variadas de pescado y marisco 36
    vegetales a la griega 129
    vegetarianas 141
buey 10, 11
    Albóndigas en pinchitos 118
    Brochetas indonesias de 101
    cordero y beicon, Brochetas de 98
    Satay de 97

C

caballa 10
    en hojas de lechuga 35
cajun, platos
    pollo 53
    verduras 147
calabacines
    Brochetas vegetarianas 141
    rellenos de queso 137
    Verduras a la brasa 130
    Verduras estivales en papillote 145
canela con chocolate caliente,
    Fruta a la 170
caramelizada, Fruta 164
carbón, pastillas de 7
carbón que se enciende solo 7

caribeños, platos
    Brochetas de pescado 16
    Lubina a la caribeña 21
    Pollo picante a la 61
carne 4, 8-10, 12, 88-125
carne cruda 9, 10
carnes blancas 4, 9, 50-87
carnes rojas 4, 9, 10
    a la mostaza 94
    al tabasco 92
    brochetas 49
    en papillote 93
    Hamburguesas con queso 96
    Las mejores hamburguesas 91
    Parrillada variada 123
cerdo 8-11
    a la ginebra con bayas de
    enebro 117
    a la soja con cilantro 103
    Brochetas al estilo de Normandía 107
    con hierbas al limón, Lomo de 116
    Costillas chinas 115
    Costillas picantes 114
champiñones, Hamburguesas de 139
chinas, Costillas 115
chocolate caliente 170
chuletas 9
cilantro, pesto de 80
ciruela, albaricoque y cebolla,
    Brochetas de 152
cítricos, salsa de 44
cocción, tipos de 10
coco
    Langostinos al 46
    Manzanas al 166
combustibles, tipos de 6, 7, 8
cordero 10, 11
    a la ginebra, Chuletas de 112
    a la menta, Chuletas de 106
    buey y beicon, Brochetas de 98
    Costillas al romero 102
    Filetes especiados 105
    Parrillada variada 123
    Shashlik 111
contaminación 9, 12
costillas
    chinas 115
    de cerdo picantes 114
cremoso, pesto 130
cubera 39
cubiertas, barbacoas 6

índice

cumpleaños, fiestas de 4
curry, Pollo picante al 65

D

desechables, barbacoas 6, 12

E

eléctricas, barbacoas 6
embarazo 10
encender la barbacoa 7-8
encendedores 8
ensaladas 4, 9, 12, 126
    de pasta con queso y nueces 158
    roja y verde 159
    Taboulé 156
    tropical de arroz 154
equipo 9
española, Gambas a la 47
estivales en papillote, Verduras 145
estragón, Pavo al 76

F

fabulosas, Brochetas 124
fiestas al aire libre 4
fijas, barbacoas 7
fruta
    a la brasa con sirope de arce 172
    brochetas 152
    Papillotes de 169
    Pato relleno de 83
    ponche 12

G

gambas
    a la española 47
    Brochetas mar y montaña 49
    con salsa de cítricos 44
gas, barbacoas de 6
ginebra con bayas de enebro, Cerdo a la 117
glaseado 54, 141, 151
grasas 8, 9
griegos, platos
    Brochetas vegetales 129
    Salmonetes 33
guindilla, salsa de 29

H

hamburguesas 4, 9, 10, 12
    con queso 96
    de champiñones 139
    Las mejores 91
Hibachi, barbacoas 6

hierbas 7
    aromáticas 10
hinojo
    Parrillada de verduras 142
    Verduras a la brasa 130
huevos 10
humo 6

I

indias, Brochetas 151
Indonesios, platos
    Brochetas de buey 101
    Pescado con especias 39
italiana, Pollo picante a la 70

J

jamaicanas, Brochetas 56

K

Koftas de beicon 120

L

Langostinos al coco 46
Las mejores hamburguesas 91
limón, Lomo de cerdo con hierbas al
    116
listeria 8
Lubina a la caribeña 21

M

maderas duras 7
maíz, mazorcas de
    Brochetas caribeñas 134
    con queso azul 146
    Parrillada de verduras 142
    Verduras al estilo cajun 147
    Verduras estivales en papillote 145
mango, salsa de 18
Manzanas al coco 166
mar y montaña, Brochetas 49
marisco 4, 11, 14
    brochetas variadas 36
mayonesa 4, 9, 10, 13
melba especial, Melocotón 165
melocotones
    Fruta caramelizada 164
    melba especial 165
menta, Chuletas de cordero a la 106
menú, planificación del 12
metálicos, utensilios 9
mexicana, Atún a la 30
mojar, salsa para 101

mostaza
    con salsa de tomate, Bistecs a la 94
    salsa suave de 13
    mantequilla a la 112
    y miel, Muslitos de pollo con 54
mundo, cocinas del 4-6, 14
muslitos de pollo 9, 50
    con adobo picante 55

N

naranja y limón, Rape a la pimienta con 26
niños 4, 9, 10, 12
Normandía, Brochetas al estilo de 107

O

ostras
    Diablos a la parrilla 43

P

papillotes 4, 12, 14
    Bistecs 93
    calabacines rellenos de queso 137
    de bacalao fresco y tomate 25
    de fruta 169
    de pescado 10
    Salmonetes al estilo griego 33
    Tomates rellenos 132
    Verduras estivales 145
parrilla 8, 10, 12
Parrillada variada 123
pasta 4, 126
    con queso y nueces, Ensalada de 158
patatas
    asadas 4, 12
    Abanicos de 133
    Brochetas vegetales a la griega 129
pato 11
    relleno de fruta 83
pavo 8, 50
    al estragón 76
    con *pesto* de cilantro 80
    con *tapenade* de tomate 79
    Rollitos de 77
Peras rellenas 171
pescado 9-12, 14-49
Pescado con especias al estilo indonesio 39
pesto
    cremoso 130
    de cilantro 80
pez espada
    Brochetas caribeñas 16
    Brochetas variadas 36

picante, adobo 13, 55
picantes, platos
        Alitas de pollo 69
        Brochetas caribeñas 134
        Costillas de cerdo 114
        Filetes de cordero 105
        Pollo con pan de pita 74
Picantones a la mostaza 84
pimientos
        Brochetas caribeñas 134
        Brochetas indias 151
        Brochetas vegetales a la griega 129
        Brochetas vegetarianas 141
        Parrillada de verduras 142
        Verduras a la brasa 130
Pinchitos morunos 108
pinzas 9
Piña tropical 163
planificación 12
plástico, utensilios de 9
Plátanos asados 173
pollo 6, 8, 9, 10, 11, 50
        a la tailandesa 63
        Alitas con especias 69
        Brochetas ácidas 59
        Brochetas jamaicanas 56
        Brochetas mar y montaña 49
        cajun 53
        Higadillos con salsa agridulce 87
        Muslitos con adobo picante 9, 55
        Muslitos con mostaza y miel 54
        picante a la caribeña 61
        picante a la italiana 70
        picante al curry 65
        picante con pan de pita 74
        Picantones a la mostaza 84
        Picantones con salvia y limón 60
        Satay de 66
        tikka 73
        tostado 71
ponche 12
portátiles, barbacoas 6
postres 4, 6, 12, 160-73

Q
queso
        azul 146
        Brochetas vegetales a la griega 129
        Calabacines rellenos de 137
        Hamburguesas con 96
        y cebolla roja, Brochetas de 138
        y nueces, Ensalada de pasta con 158

R
raita 73
rape 10
        a la pimienta con limón y naranja 26
        Brochetas variadas 36
rebozadas, Vieiras 40
recalentar platos 9
recetas básicas 13
rellenos, platos
        Peras 171
        Sardinas 22
        Tomates 132
roja y verde, Ensalada 159
Rollitos de salchichas 121
romero, Costillas de cordero al 102

S
salchichas 4, 8-10, 12
        Brochetas fabulosas 124
        Parrillada variada 123
        Rollitos de 121
salmón 10, 11
        con salsa de mango 18
        teriyaki 19
salmonela 8, 10
Salmonetes
        al estilo griego 33
        asados 32
salsas 4, 13, 77, 88
        agridulce 87
        de cítricos 44
        de guindilla 29
        de mango 18
        de queso azul 146
        de tomate 94
        para mojar 101
        tahín 108
salvia y limón, Picantones con 60
sardinas 10, 11
        rellenas 22
satay
        de buey 97
        de pollo 66
seguridad 8-9
Shashlik 111
sirope de arce, Fruta a la brasa con 172
sugerencias 12
supervisión 9, 12

T
tabasco, Bistecs al 92
Taboulé 156

tahín 108
tailandesa, Pollo a la 63
tapenade de tomate, Pavo con 79
teriyaki, Salmón 19
tizones, carbón en 7
tomates 4
        Brochetas indias 151
        Brochetas vegetarianas 141
        Parrillada de verduras 142
        rellenos 132
        salsa de 94
        tapenade 79
        Verduras a la brasa 130
        Verduras estivales en papillote 145
tostado, Pollo 71
tropical
        Ensalada de arroz 154
        Piña 163
Trucha envuelta con beicon 28
tzatziki 153

U
utensilios 9, 10, 12

V
variados, platos
        Brochetas de fruta 168
        Brochetas de pescado y marisco 36
        Parrillada 123
vegetarianos, platos 4, 6, 12, 126
        Brochetas 141
vegetarianos estrictos 126
verduras 4, 12, 126-159
        Parrillada de 142
vieiras
        con beicon 41
        rebozadas 40
viento, dirección del 8
vino blanco, adobo de 13
vino tinto, adobo de 13
virutas de madera 7

Y
yogur 9, 13